Generis

PUBLISHING

I0031242

La Implementación del Modelo Empresarial Outsourcing y su Relación con el Desarrollo Organizacional

De las Empresas de la Ciudad de Panamá

Javier Eduardo Leiva Ladino

Title: **La Implementación del Modelo Empresarial Outsourcing y su Relación con el Desarrollo Organizacional**

De las Empresas de la Ciudad de Panamá

ISBN: 979-8-88676-971-5

Author: Javier Eduardo Leiva Ladino

Cover image: www.pixabay.com

Publisher: Generis Publishing
Online orders: www.generis-publishing.com
Contact email: info@generis-publishing.com

Dedicatoria:

"Vive como si fueras a morir mañana.
Aprende como si fueras a vivir siempre".

(Gandhi)

Esta investigación culmina uno de los capítulos de formación profesional realizados en el transcurso de mi vida.

Encontrarse con la ayuda intangible pero significativa de Dios, el apoyo de cada integrante de mi familia, amigos y colegas, convierten a este escrito, como parte del legado humano, profesional y científico, que, como ente, puedo aportar a la sociedad y al gremio empresarial al que se hace referencia en el proceso investigativo.

Ofrecer mis capacidades intelectuales y aportar nuevos indicios a las fronteras del conocimiento, hacen parte de la pasión, la disciplina, la constancia y la determinación, que quiero compartir y dedicar a mi núcleo familiar, para que, en generaciones venideras, encuentren la curiosidad de hallar las respuestas a las múltiples incógnitas de la vida.

Agradecimientos:

A cada una de las personas que me han acompañado en el viaje de la vida.

Madre, Esposa, Hijas, Hermanos, Socios, Amigos del alma, que, con su gran apoyo y motivación, permitieron que un sueño que inició a temprana edad se hiciera realidad, en la corta línea del tiempo de la que hacemos parte.

A mis colegas, colaboradores, profesores y tutores, que con cada uno de sus aportes han estructurado cada parte de mi formación académica y profesional, permitiéndome ser una persona con un enfoque simple frente a la vida que nos gobierna.

A Dios, que, gracias a la bondad de su sabiduría, expresada en enseñanzas, lecturas, personas, experiencias y vivencias, me permiten apreciar la magnitud de sus obras, tan sólo confiando en las promesas que nos dejó para poder vivir en satisfacción y respeto hacia los demás.

ÍNDICE GENERAL

ÍNDICE DE TABLAS

ÍNDICE DE FIGURAS

RESUMEN

El objetivo de la presente investigación es analizar la implementación del modelo empresarial Outsourcing y su relación en el desarrollo organizacional de las empresas de la Ciudad de Panamá. Para ello, se estudian las diversas modalidades de implementación del modelo y se analizan los elementos que estructuran el desarrollo organizacional, para, a partir de su consideración teórica, estructurar las estrategias que permitan su abordaje adecuado. La metodología se enmarca dentro del paradigma de investigación positivista y del enfoque empírico-analítico, cuantitativo. El tipo de investigación es de carácter descriptivo, correlacional y proyectivo, con diseño no experimental, transaccional y de campo. El universo fue 1600 empresas afiliadas a la Cámara de Comercio de Panamá. De las 1600 empresas, se seleccionaron como población 78 organizaciones que implementan el modelo Outsourcing dentro de los sectores industrial y comercial. De estas firmas se escogieron 48 a través de un muestreo aleatorio y se tomó 1 gerente en representación de cada organización. Para obtener los datos se utilizó la técnica de la observación mediante encuesta y su instrumento fue un cuestionario, al cual se le realizó validez de contenido y confiabilidad a través de una prueba piloto, del cual se obtuvo un coeficiente Alfa de Cronbach de .848. Luego de aplicar el instrumento, se presentan los datos a través de cuadros con estadística descriptiva. Los resultados arrojaron que existe una correlación estadística significativa entre las variables implementación del modelo empresarial Outsourcing y el desarrollo organizacional. Como conclusión se afirma que la opción de tercerización se presenta como una alternativa para el fortalecimiento de las estructuras empresariales en las compañías de la Ciudad de Panamá.

Palabras Clave: Outsourcing, Tercerización, Desarrollo Organizacional.

ABSTRACT

The aim of the present research is to analyze the implementation of the Outsourcing business model and its relationship with Panama City enterprises organizational development. To do this, the various modes to implement the model are studied and the elements that structure organizational development are analyzed, so that based on its theoretical consideration, strategies can be structured that will allow its adequate approach. The methodology is framed within the positivist research paradigm and the empirical-analytical quantitative approach. This kind of research is descriptive, correlational and projective, with non-experimental design, transactional and field work. The research used 1600 enterprises affiliated to the Panama Chamber of Commerce. Of these 1600 companies, 78 organizations were selected to implement the Outsourcing model in the industrial and commercial sectors. From these companies, 48 were chosen through random sampling with one manager per organization. To obtain this data, the observation technique through survey was used and its instrument was a questionnaire, in which content validity and reliability were performed through a pilot test, attaining a Cronbach's Alpha coefficient of .848. After applying the instrument, the data was presented on tables with descriptive statistics. The results showed that there is a significant statistical correlation between the variables of implementation of the Outsourcing business model and organizational development. In conclusion, it is stated that the outsourcing option is presented as an alternative for strengthening business structures in companies in Panama City.

Key words: Outsourcing, Outsourcing, Organizational Development.

Introducción

Los cambios generados a partir de los adelantos tecnológicos y de la globalización impactan, de manera significativa, la realidad actual, determinando la complejidad de los procesos sociales, dentro de los cuales el intercambio comercial y las organizaciones resultan particularmente afectados.

Es esta realidad compleja y cambiante la que hace que las organizaciones deban adaptarse para poder avanzar, poniendo en práctica herramientas surgidas, y otras adaptadas, al calor de los avances científicos y tecnológicos. Para las empresas es una cuestión de sobrevivencia en un mundo cada día más interconectado y competitivo, en un mercado cada día más global, donde la permanencia en el mismo está determinada por las capacidades organizacionales que permitan afrontar y dar respuesta a los cambios del entorno.

Una de las alternativas que las empresas están ejecutando, con un grado significativo de éxito, es dedicarse a las actividades propias de su proceso productivo, su *core business,* delegando la gestión de actividades no estratégicas a firmas externas. Es lo que se conoce en el mundo empresarial y gerencial como *Outsourcing* o *tercerización*, que puede entenderse como aquel proceso a través del cual una organización entrega parte de sus actividades no estratégicas a otra empresa para que la ejecute, de acuerdo a los parámetros establecidos por ambas partes en un contrato de servicios.

Si bien este proceso no es nuevo, su uso en la actualidad es significativo, surgiendo compañías tercerizadas de gran prestigio internacional que dan respuesta a las distintas necesidades de las organizaciones en distintos planos – legales, tecnológicos, de recursos humanos, financiero, etc.–, lo que les permite centrarse en su visión de negocios y en sus procesos estratégicos.

El asumir de este tipo de método puede traer, y de hecho tiene, algunas consecuencias, así como ventajas y desventajas. Entre los efectos más significativos puede mencionarse los que tienen relación con en el *Desarrollo Organizacional* en las empresas que deciden impulsar procesos de tercerización, de fundamental importancia pues determina aspectos importantes de la cotidianidad de las operaciones en las compañías.

De manera que es de vital relevancia determinar cómo influye la implementación de los procesos de tercerización en el desarrollo organizacional. Es este el objetivo de la presente investigación, en un esfuerzo por realizar un aporte significativo que pueda servir de guía para el análisis y decisión de las empresas que decidan impulsar procesos de outsourcing.

El trabajo está dividido en cinco capítulos. En el primero se hace el planteamiento de la problemática de investigación, resaltando la importancia de abordar el objeto de estudio y formulando la pregunta y los objetivos que guían el estudio, así como su importancia y transcendencia en la actualidad.

En el segundo capítulo se abordan los aspectos teóricos de las variables objeto de estudio, que terminan con el planteamiento de las hipótesis y el cuadro de operacionalización de las variables, donde se muestran cada una de las dimensiones que las componen.

El tercer capítulo está dedicado a la metodología aplicada, donde se explica el tipo y diseño de investigación, población, muestra, técnicas e instrumentos de recolección de los datos, confiabilidad y validez, además de especificar las pruebas estadísticas a aplicar.

En el cuarto capítulo se presentan y analizan los resultados a través de estadística descriptiva y se realizan las conclusiones y recomendaciones del estudio.

Por último, en el capítulo cinco, se proponen algunas estrategias que facilitan y sirven de guía a la implementación del modelo Outsourcing, y su relación con el desarrollo organizacional, en las empresas de la Ciudad de Panamá.

Se espera que cumpla con las expectativas y pueda servir como herramienta efectiva que ayude a la tomar las decisiones más acertadas en la materia objeto de este trabajo.

Capítulo I:
El Problema

Capítulo I:
El Problema

Planteamiento y Formulación del Problema

Outsourcing es un anglicismo que se compone con las voces *out*, que significa *fuera*, y *source*, que traduce *fuente* u *origen*; es decir, fuente externa. Se puede traducir al español como *subcontratación*, *externalización* o *tercerización*. En el mundo empresarial, designa el proceso en el cual una organización contrata a otras empresas externas para que se hagan cargo de parte de su actividad o producción.

En términos generales, supone una relación entre empresa y proveedor, que busca construir el máximo de cohesión y confianza que permita generar valor agregado a través de una planificación de trabajo en conjunto y una comunicación oportuna (Rothery & Robertson, 1996).

El Outsourcing se fundamenta en el proceso de adaptación que exige responder al nuevo entorno competitivo y complejo, marcado por los avances tecnológicos y los procesos de globalización económica, social, cultural y ambiental. En estas circunstancias, que afectan de manera directa al mundo empresarial, se hace necesario que las empresas se concentren en identificar, cultivar y explotar un conjunto de competencias nucleares sobre las que deben construir ventajas competitivas a mediano plazo. El resto se deberían incorporar a la empresa desde el exterior, mediante el Outsourcing (Almanza y Archundia, 2015).

El Outsourcing es una práctica que data desde el inicio de la era moderna y tiene su inicio, como actividad trascendente en el mundo empresarial, durante la recesión de la década de los 80, cuando los empleadores deciden enfocar su atención en su negocio principal, y subcontratar actividades periféricas a otras empresas especializadas, procurando la reducción de costos (Almanza y Archundia, 2015).

Sin embargo, no es nuevo, ya que muchas compañías competitivas lo realizaban como una estrategia de negocios.

Al inicio de la era post-industrial se inició la competencia en los mercados globales que detonó la práctica de esta herramienta. Antes del fin de la segunda guerra mundial y salvo contadas excepciones, las compañías concentraban la mayor cantidad de actividades para no tener que depender de los proveedores. Sin embargo, esta estrategia que en principio resultara efectiva, fue haciéndose obsoleta con el desarrollo de la tecnología, ya que nunca los departamentos de una empresa podían mantenerse tan actualizados y competitivos como lo hacían las agencias independientes especializadas en un área, además, su capacidad de servicio para acompañar la estrategia de crecimiento era insuficiente (Almanza y Archundia, 2015, p. 18).

El Outsourcing es el medio idóneo para conseguir *estructuras organizacionales* ágiles, que permitan a las empresas adaptarse a las nuevas exigencias de los mercados, agilidad que se traduce, en términos económicos, en la posibilidad de sacar de la organización aquellas funciones que pueden ser realizadas por especialistas a un costo más bajo, lo que redunda en calidad y eficiencia. Se trata de lograr la *eficacia operativa* en función de una estrategia empresarial bien definida que permita identificar la organización de su competencia (Schneider, 2004).

En este sentido, el Outsourcing se perfila como una de las principales herramientas de gestión que permite el logro de la eficacia operativa. Se trata, más allá de simplemente complementar recursos a través de la intermediación laboral, de una reestructuración radical de una actividad particular de la empresa que incluye la transferencia de la operación de procesos importante, pero no directamente vinculados con sus actividades distintivas, hacia un proveedor especialista (Schneider, 2004; Almanza y Archundia, 2015). Es una *estrategia de gestión* que permite realizar eficientemente los procesos de una compañía, y donde una firma identifica una parte de su negocio que podría ser mejor desempeñada por otra corporación, que es contratada para desarrollar esa porción del negocio (Cornejo, 2006).

Los proveedores especializados pueden desarrollar una mayor profundidad de conocimiento, invertir más en sistemas y procesos, y lograr eficiencia a través de economías de escala y experiencia, aprovechando las capacidades de los procesos de negocio más críticos y mejorar sus propias capacidades básicas internas que impulsan la ventaja competitiva (Luque, Marín y Salcedo, 2015).

Con respecto al logro de estructuras organizacionales ágiles, existen diferentes posturas frente a la aplicación del Outsourcing. Algunos autores afirman que, gracias a su implementación, se produce un aumento de la flexibilidad organizativa que permite diseñar una organización más ágil y ligera, que pueda reaccionar más rápidamente a las variaciones del entorno, además de facilitar un acceso flexible a recursos y expertos necesarios para el crecimiento (López, 1999).

Otros estudiosos plantean que el Outsourcing tiene diferentes puntos favorables que permiten mejorar la administración de los costos, focalizarse en las actividades claves del negocio, optimizar los procesos, ampliar el conocimiento, especializarse, emplear mayor tecnología o incrementar la eficiencia (Bedoya, 2018).

Por otro lado, el Outsourcing, en cuanto a externalización completa de los sistemas y procesos, puede resultar la mejor alternativa, pues recomienda la elaboración de un plan detallado al respecto, que garantice el mantenimiento de la inteligencia de la empresa con consecuencias mínimas en la estructura organizativa y relaciones internas (Cornejo, 2006).

Es indudable que asumir la aplicación del outsourcing al interior de las compañías puede tener repercusiones, más allá de los aspectos económico–financieros, de eficiencia y eficacia, en los *aspectos organizacionales*, pues una parte del trabajo de la empresa está siendo ejecutado por personas ajenas a la misma, lo que implica convivir con valores y principios distintos a los tradicionalmente manejados a lo interno de la organización.

Son muchos los factores que afectan a una organización, por lo que la mayoría de ellas cambia constantemente. Existen fuerzas que originan ese cambio, tanto dentro como fuera de ella; las fuerzas externas tienen un gran efecto sobre el proceso de cambio, con la particularidad de que la organización tiene poco o nulo control sobre ellas. No obstante, una compañía depende de su interacción con el entorno para sobrevivir. En tanto, las fuerzas internas resultan de factores tales como la modificación de los objetivos de la organización, la política administrativa, las tecnologías y las aptitudes de los empleados (Guizar, 2013).

Tradicionalmente, aspectos cruciales en el desarrollo de las empresas han sido los relacionados a la cultura, el clima, el cambio y el desarrollo organizacional, íntimamente relacionados con la convivencia cotidiana en todos los aspectos, tanto profesionales como personales. Es bien conocido que los tres primeros aspectos influyen de manera determinante en el cuarto; es decir, lograr mejoras en la cultura y el clima para impulsar los cambios, permite lograr un adecuado desarrollo organizacional.

El Desarrollo Organizacional es una disciplina que se apoya en la importancia que tiene el personal para iniciar o acompañar el cambio planificado en una organización, de modo que ésta mantenga su competitividad en un ambiente de constante cambio y evolución, aumentando la eficiencia organizacional. Implica el estudio de los procesos sociales que se dan dentro de una empresa con el objetivo de ayudar a sus miembros a identificar los obstáculos que bloquean su eficacia como grupo y a tomar medidas para hacer óptima la calidad de sus interrelaciones, para influir de manera positiva y significativa en el éxito de los objetivos de la empresa (Guizar, 2013).

Para Hellriegel et.al. (2005), citado por Garbanzo (2016), es una estrategia debidamente planeada, y de proyección futura, que sirve para entender, modificar y desarrollar el personal para alcanzar la efectividad, y tiene sus orígenes en las ciencias conductuales. Considera la organización como un todo desde el punto de vista sistémico, donde no es posible concebir un cambio sin considerar cada una de sus partes, pues todas tienen relación y una función estratégica, concebida desde la posición que ocupe. Es la única forma de alcanzar, con mayores posibilidades de efectividad, los cambios requeridos.

De manera que todas las organizaciones, para asegurar sostenibilidad eficiente, requieren del desarrollo organizacional, para ayudarlas a ser más competitivas, democráticas y saludables, a través de procesos de cambio planeado (Guizar, 2013; Garbanzo, 2016).

Ahora bien, las compañías que no apliquen el Outsourcing tienden a encontrarse en desventaja y no ser tan flexibles de acuerdo a los mercados cada vez más volátiles y cambiantes, lo que se convierte en dificultad. Así mismo, la aplicación de esta herramienta puede generar problemas organizacionales si no se consideran los factores relacionados con el Desarrollo organizacional y los posibles efectos de este cambio en las personas, por lo que se hace necesario planificarlo e integrar a los miembros de la organización para que la transformación sea más efectiva.

Una organización que no emplea el Outsourcing puede tener problemas en la eficiencia de los procesos y operaciones; a su vez, existe la posibilidad de que los procesos de control no se encuentren alineados a la realidad de su entorno. La toma de decisión podría verse afectada al mantener estructuras más lentas y pesadas que impiden una respuesta rápida frente a los cambios del mercado. El mejoramiento continuo podría verse estancado al no tener espacios de amplitud y especialización del conocimiento, lo que afecta directamente la ventaja competitiva por encontrarse fuera de la línea tecnológica y de eficiencia. A su vez, las organizaciones con falta de un proceso de outsourcing, pueden ver cómo los costos se mantienen inflexibles, sin la posibilidad de manipularlos según la necesidad de la compañía, afectando una de las posibles opciones de diferenciación. En cuanto a las ventas, sin una estrategia Outsourcing, que permita un repunte en los apartados tecnológicos, de conocimiento y especialización, entre otros, podría ver como su oferta de proceso, bien o servicio, no encuentra eco dentro de las necesidades de la economía globalizada.

Por otro lado, el cambio que supone asumir e implementar el Outsourcing en una organización genera consecuencias, que pudieran ser negativas si el mismo no se planifica y organiza desde los principios y herramientas del Desarrollo Organizacional.

De acuerdo con los planteamientos precedentes, es pertinente preguntarse ¿Cómo es la implementación del modelo empresarial Outsourcing y su relación con el Desarrollo Organizacional en las empresas de la Ciudad de Panamá?

Objetivos de la investigación

Objetivo general

Analizar la implementación del modelo empresarial Outsourcing y su relación con el desarrollo organizacional de las empresas de la Ciudad de Panamá, Panamá.

Objetivos específicos

1. Describir los tipos de procesos del modelo Outsourcing en las empresas de La Ciudad de Panamá, Panamá.
2. Analizar los factores del desarrollo organizacional en las empresas de La Ciudad de Panamá, Panamá
3. Determinar la relación de la aplicación del modelo Outsourcing con el desarrollo organizacional de las empresas de La Ciudad de Panamá. Panamá
4. Diseñar estrategias que faciliten la implementación del modelo empresarial Outsourcing en las empresas de Ciudad de Panamá.

Justificación

Las distintas formas en que se ha implementado el Outsourcing en los mercados mundiales es tema de análisis e investigación, teniendo en cuenta la forma cómo su dinamismo ha permeado los diferentes sectores y grupos económicos, permitiendo que las estructuras organizacionales se renueven y se amolden a los cambios ejercidos por la presión de la competitividad e impactando positivamente en temas trascendentales, como la estrategia corporativa, los rendimientos financieros, la especialidad y el propio valor agregado de cara al cliente.

Así mismo, los estudios acerca del Desarrollo Organizacional muestran su relevante importancia cuando las organizaciones quieren impulsar cambios para adaptarse mejor a las circunstancias permanentemente cambiantes del entorno actual, altamente competitivo y complejo.

En este sentido, el presente esfuerzo aporta elementos teóricos en cada una de las variables señaladas, que son el objeto de esta investigación, y que pocas veces han sido estudiadas y relacionadas en conjunto, además de contribuir a la discusión y comprensión de sus dimensiones.

Desde el punto de vista práctico, la investigación aborda elementos que contribuyen a la solución de incertidumbres, y a clarificar el camino, en torno a la aplicación del modelo Outsourcing, siendo una respuesta válida en la prevención de posibles fracasos al momento de aplicarlo. Igualmente, amplía la visión de conjunto para poder prever consecuencias adversas y abordarlas desde las herramientas del Desarrollo Organizacional.

Adicionalmente, es relevante desde el punto de vista metodológico, pues se abordan variables de estudio pocas veces relacionadas a través de instrumentos y técnicas específicas que permiten su comprensión adecuada.

Delimitación de la investigación

La delimitación teórica de esta investigación está relacionada con las variables objeto de estudio: implementación del Modelo Outsourcing y Desarrollo Organizacional en las empresas de la Ciudad de Panamá. Se circunscribe a la Ciudad de Panamá, Panamá, en una población de 1600 empresas, que conforman la Cámara de Comercio de Panamá, y de donde se obtuvo una muestra conformada por 48 compañías que implementan el modelo Outsourcing. El estudio abarca una duración 1 año y 8 meses a partir de septiembre de 2019.

Capítulo II:
El Marco Teórico

CAPÍTULO II:

Marco Teórico

Antecedentes de la Investigación

Lara y Martínez (2002), en su artículo Outsourcing en las unidades de información de las organizaciones, plantean el mismo como una herramienta de gestión empresarial que aporta elementos importantes al campo de la información y documentación, mostrando nuevas formas de dirigir estas unidades en las organizaciones. Agregan que adentrarse en el outsourcing implica conocer con profundidad las dificultades del concepto, sus modalidades de externalización, su ciclo, así como sus contrataciones y las ventajas y desventajas de aplicarlo en las unidades de información.

El presente estudio es un aporte importante para el desarrollo de la presente investigación, pues ofrece una clara dirección hacia la identificación de las modalidades o tipos de outsourcing que permiten identificar las bondades de su implementación en unidades dedicadas a los procesos de información dentro de las organizaciones.

Por su parte, Arce, Chacón y España (2017), en su artículo *El outsourcing como estrategia de eficiencia: Tres estudios de caso en Costa Rica,* propician la comprensión teórica y práctica del outsourcing en la administración de recursos humanos en un estudio de tipo cualitativo, con la modalidad de estudio de caso. El objetivo fue el análisis conceptual y de las características del objeto de estudio, así como la identificación de sus usos, riesgos y el proceso que conlleva su contratación en algunas empresas costarricenses. El abordaje buscó apoyar la comprensión del público lector sobre este tema más que aprobar o desaprobar su uso como herramienta de gestión empresarial. Desde el punto de vista práctico, el trabajo expone el uso del outsourcing en un contexto real de negocios, evidenciando tres casos particulares en Costa Rica, lo que permitió observar, a través de la perspectiva de los usuarios, cómo funciona, qué actividades son las que han subcontratado y cuáles se prefieren realizar con personal de planta. Los hallazgos muestran su ejecución en función de metas específicas de la organización y su implementación bajo la responsabilidad de un equipo integrado por personas internas y externas a la organización que aseguren el buen manejo del proceso y un destacado involucramiento de la alta gerencia y las gerencias de cada una de las áreas relacionadas con el proceso de subcontratación.

El citado artículo enriquece la comprensión teórica del outsourcing, además de permitir identificar los posibles usos y riesgos de su implementación. Adicionalmente, muestra evidencias prácticas de aplicación del modelo en 3 casos de estudio que indican cuáles operaciones pueden ser subcontratadas y cuáles han sido las perspectivas de ejecución. Otro aporte significativo es que propone su implementación con un equipo integrado de personal externo e interno que fortalece la propia gestión del proceso, siendo este aspecto indispensable en la formulación de las estrategias que facilitan su adopción en las empresas de la Ciudad de Panamá.

Así mismo, en el artículo titulado *El outsourcing como estrategia organizacional para la competitividad* de Vázquez y Orozco (2019), se hace un análisis del Outsourcing como una estrategia organizacional, mencionando sus beneficios, ventajas y desventajas cuando se decide contratar un terciario, en un abordaje cualitativo, de carácter exploratorio y documental. Su objetivo es colaborar, de forma colateral, en la realización de tareas y actividades, ya sean operativas, administrativas, financieras o en recursos humanos, que sirven como soporte en actividades que dominan, llegando, por ende, al incremento de su productividad, eficiencia y crecimiento en las organizaciones contratantes. Para los autores, el concepto de outsourcing da inicio a una nueva filosofía de trabajo empresarial, como estrategia emergente, concluyendo que es una importante fuente de innovación, eficiencia, competitividad y valor agregado.

El presente trabajo es significativo para la investigación propuesta, pues enriquece la identificación del outsourcing como una estrategia organizacional que trae consigo ventajas y beneficios. A su vez identifica algunos tipos de implementación y entrega aportes importantes en las dimensiones de eficiencia y competitividad tratados en el proceso investigativo.

Para Hernando y Carro (2005), en su trabajo *La práctica empresarial del outsourcing: revisión conceptual y aproximación empírica,* profundizar en el concepto actual de outsourcing, analizar las razones de su surgimiento entre las modas gerenciales, así como de los efectos potenciales directos e indirectos, positivos y negativos de su puesta en práctica en las organizaciones, constituye una interesante tarea de reflexión por cuanto tiene conexión con otros elementos de las organizaciones y sugiere algunas tendencias futuras en las mismas. El objetivo del estudio fue obtener mayor conocimiento sobre la práctica actual de outsourcing en las organizaciones. Para ello, presentaron una revisión teórica de ésta práctica mediante un análisis de sus causas y efectos, de la decisión misma de externalización y de su implantación en las empresas. Complementariamente, ofrecen un análisis empírico cuyos datos fueron recogidos a través de una encuesta a empresas de Cantabria. Concluyen afirmando que el outsourcing no se puede considerar una moda más; se trata de una opción clásica, ahora renovada que, en algunas organizaciones, tanto privadas como públicas y de cualquier dimensión o sector, ante las condiciones competitivas y los requerimientos que se derivan de ellas, puede ser una vía que, bien gestionada, se traduzca en mejoras económicas y financieras, operativas y estratégicas.

Es importante el aporte que este estudio ofrece a la investigación, ya que, aparte de fortalecer los conceptos propios del Outsourcing, permite analizar los efectos de la puesta en marcha del proceso tercerizado que facilita la comprensión de la externalización y su propia implementación.

Expresa Bedoya (2018), en su artículo *Outsourcing: beneficios vs riesgos,* que el Outsourcing, también llamado tercerización, subcontratación o externalización, es el proceso de contratación de un tercero para que realice una actividad del negocio. El propósito del trabajo fue mostrar los beneficios y riesgos de esta práctica que se vuelve cada vez más recurrente en las organizaciones. Para la investigación se realizó una búsqueda en fuentes primeras y secundarias, donde fue fundamental la información proporcionada por empresarios que sirven de ejemplo para ilustrar de manera clara cada elemento. Entre los beneficios encontrados del outsourcing están: contratar con proveedores que ofrecen menores costos; reducir o eliminar costos fijos; concentrarse en actividades clave; conocimiento, experiencia y tecnología del proveedor. En el caso de los riesgos se encontraron los siguientes: convertir a un proveedor en competidor, pérdida de conocimiento y habilidades, dependencia del proveedor, incremento de los costos, afectación del clima laboral e incumplimiento con las expectativas de calidad y de tiempos de entrega. Concluye que el outsourcing es una estrategia que se debe analizar con detenimiento, puesto que, si bien son muchos los beneficios, también genera riesgos que deben ser identificados, medidos, valorados y tratados. La decisión no debe justificarse en elementos únicamente financieros; se debe incluir en el análisis la importancia del proceso para la empresa, la experiencia del proveedor, los acuerdos de negociación y todos aquellos elementos cualitativos que permitan tomar la decisión alineada con la estrategia de la organización.

Es importante el aporte de este estudio, pues identifica los beneficios y riesgos que ayudan en la confección de las estrategias empresariales de implementación del outsourcing. También permite reconocer estos elementos en las dimensiones que serán analizadas a lo largo de esta investigación, necesarias para el análisis completo de este modelo empresarial.

Adicionalmente, Quintana (2006), en su artículo de revisión *Nuevas tendencias en Outsourcing de Recursos Humanos,* analiza si el outsourcing en recursos humanos es una actividad estratégica y efectiva en el desarrollo organizacional, identificando sus principales tendencias y las áreas o funciones de los recursos humanos que son sometidos a contratos vía outsourcing. Concluye que a diferencia de la abundante bibliografía y evidencia de los beneficios del outsourcing en otras áreas del negocio las investigaciones científicas de su utilidad y conveniencia en el área de recursos humanos aún se muestran contradictorias e insuficientes.

La contribución de este estudio a la presente investigación se enfoca en que existe un interés significativo en la aplicación del modelo outsourcing. A su vez, describe a las áreas de tecnología y financiera como las más empleadas al momento de realizar el estudio. Adicionalmente, analiza si el outsourcing es una estrategia efectiva en el desarrollo organizacional, el cual tiene una relación directa con la investigación. Así mismo, alienta a profundizar la investigación en torno al outsourcing, pues los estudios científicos disponibles se muestran contradictores e insuficientes, dando pie a continuar profundizando y desarrollando el tema.

Rivo (1999), en su artículo *Externalización: Más allá de la subcontratación,* afirma que la externalización de actividades (definida como outsourcing estratégico) ofrece ventajas, pero también inconvenientes. De manera que la pregunta que debe plantearse una empresa no es ¿externalizar o no externalizar?, sino ¿en qué es más eficiente? Una vez identificadas sus actividades básicas, la compañía puede intentar lograr una mayor eficiencia en el resto de actividades que realiza, vía reingeniería de procesos, vía externalización, vía alianzas o asociaciones estratégicas. Si la empresa decide externalizar una actividad, deberá, entonces, preguntarse si esta necesidad es a largo o a medio plazo, puesto que, aunque a corto plazo la solución más rápida e interesante sea la de recurrir al outsourcing, a largo plazo quizás lo mejor sea desarrollar un nuevo departamento o mejorar un departamento existente que lleve a cabo la actividad que se pretende externalizar.

A partir del aporte de este estudio se puede apreciar el outsourcing desde un punto de vista objetivo. Así mismo, permite aclarar la razón de ser del proceso externo, al hacer la distinción entre el Outsourcing táctico y estratégico, aspecto este que será abordado por la presente investigación. Adicionalmente plantea las diferencias entre reingeniería y outsourcing, lo que permite distinguir cuál es la mejor opción de acuerdo a las necesidades de cada organización, punto fundamental para ayudar a confeccionar las estrategias de implementación que se propone desarrollar este estudio.

En el artículo *Externalización de funciones: algunas reflexiones teóricas,* Ganga y Toro (2008) analizan las nuevas tendencias en cuanto a modelos organizacionales, a la vez que describen las principales características y formas que puede adoptar la externalización de funciones, para lo cual ofrecen una revisión del modelo en red, la organización virtual, el trébol irlandés y el modelo de organización federal, claros ejemplos de lo que se conoce como outsourcing. También abordan el origen del outsourcing, algunas diferencias conceptuales, sus principales ventajas y riesgos, además de incluir una revisión a la situación actual de la externalización de funciones en Chile.

El artículo anterior permite identifican las labores externalizadas u outsourcing como nuevas tendencias de modelos organizacionales, ampliando el conocimiento del concepto, describiendo las principales formas de externalización, sus principales ventajas y las características del outsourcing, necesarios para el avance del proceso de investigación en curso.

Por su parte Espino (2003), en artículo *El outsourcing y su influencia en los objetivos de la estrategia de operaciones. Una aplicación empírica,* aborda las percepciones que tienen los directivos del sector hotelero acerca de la influencia que puede tener la externalización en la estrategia de operaciones, concretamente en los objetivos de operaciones relacionados con la reducción del coste, la mejora de la calidad, el aumento de la flexibilidad y el aumento del servicio. El autor demuestra con el estudio que los directivos consideran que la externalización tiene un gran potencial al presentar una influencia no sólo en la reducción del coste, sino también en los otros objetivos de la estrategia de operaciones, dando así un carácter más estratégico a la externalización.

Es importante este trabajo, pues muestra las formas en que el outsourcing contribuye a mejorar los recursos y las propias capacidades de la empresa. A su vez, permite obtener una visión clara de una aplicación del modelo a un área económica específica, cuyos resultados servirán al desarrollo de las estrategias de implementación a realizarse al final de esta investigación. También permite analizar las dimensiones que son propias de la implementación del modelo outsourcing, entre las que se destacan los costos y el propio mejoramiento continuo.

Adicionalmente en el artículo titulado *Outsourcing, impacto financiero y herramienta de transformación,* Corral (2004) profundiza en los impactos financieros y la capacidad de transformación del outsourcing en las organizaciones, pues los procesos de gestión habituales no están preparados para hacer frente a las circunstancias actuales, donde el cambio es lo único seguro. En este sentido, el autor considera que el outsourcing, con todas las ventajas que aporta en el plano financiero, se está consolidando también como una de las principales herramientas que contribuyen a lograr esta transformación.

Este trabajo contribuye al presente estudio en la identificación del modelo outsourcing como una herramienta que permite ganar en competitividad. A su vez, aporta en la comprensión de los cambios del entorno que pueden llevar a fortalecer las bondades del outsourcing y cómo su aplicación genera un gran impacto en las organizaciones, facilitando el desarrollo organizacional.

Adicionalmente, en el artículo titulado *La otra cara del Outsourcing. Un caso para la reflexión,* de Arbeláez y Patiño (2010), se destaca la relevancia que tiene el outsourcing desde el punto de vista administrativo y cómo puede afectar a una organización en el caso de que se aplique inadecuadamente a favor de una de las partes que intervienen en la negociación. Hace también referencia a los puntos clave y estratégicos, validando su potencial e invitando a evaluar los nuevos enfoques desarrollados, los que deben mirarse bajo la óptica de la cultura, el entorno y los niveles socioeconómicos de las empresas o de los países que quieran implementar esta modalidad de subcontratación.

Se comparte con el anterior artículo la relevancia con la que se debe tratar la implementación de un proceso outsourcing en una compañía, siendo factor determinante a la hora de comprender y de elaborar las estrategias de implementación del modelo que se abordará en desarrollo de este estudio. A su vez, permite identificar el potencial propio de modelo, teniendo en cuenta actores, referentes socioeconómicos, cultura y demás. Es realmente importante comprender adecuadamente la implementación del modelo sin que exista peligro en su aplicabilidad.

A su vez, Grisanti (2016), en su trabajo *Outsourcing. Herramienta útil para las organizaciones empresariales*, presenta los conceptos teóricos básicos y los aspectos clave vinculados con la aplicación del outsourcing en las organizaciones empresariales. También aborda la revisión de investigaciones de campo relacionadas con la tercerización, con el objeto de contrastar el basamento teórico desarrollado versus casos de la realidad práctica. El propósito del estudio estuvo enfocado en el análisis de la factibilidad gerencial y económica de la aplicación adecuada del outsourcing, sosteniendo, sobre la base del trabajo realizado, que la tercerización genera resultados organizacionales y financieros beneficiosos, ya que las empresas por esta vía dedican sus mayores esfuerzos a su función medular, y delegan, cuando les es posible, las operaciones de apoyo en manos expertas de terceros.

Este artículo aporta elementos importantes para el desarrollo de la investigación propuesta, pues vincula la implementación del modelo outsourcing con la mejora de los índices de rentabilidad y productividad y del desarrollo organizacional. Es igualmente relevante conocer los caminos trazados por las investigaciones empíricas referidas, así como también los conceptos teóricos vinculantes con la implementación, pues arrojan luces al proceso de abordaje del objeto de estudio propuesto. A su vez, arroja resultados favorables acerca de la implementación de modelo que puede facilitar su comprensión.

Bases Teóricas

Los Orígenes del Outsourcing

En su acepción más general, el Outsourcing es una palabra de origen anglosajón compuesta por los términos *Out*, cuyo significado es *fuera*, y por *Sourc*", que significa *fuente*, por lo tanto, Outsourcing quiere decir *de fuente externa* (Carreño y Lavín, 2003).

Ha sido, históricamente, el resultado de la progresiva tendencia a la especialización y a la globalización en las sociedades modernas. Desde hace siglos, el ser humano había comprendido su necesidad al darse cuenta de que resultaba imposible realizar todas las tareas por sí mismo, por lo que era necesario depender de alguien más para lograrlas. Un claro ejemplo de la externalización de tareas a otras personas o grupos en la antigüedad lo constituye la agricultura. Muchos pueblos antiguos pidieron a otros grupos que atendieran sus granjas y construyeran canales de riego para suministro de agua y, a cambio de este trabajo, se les entregaba una parte de la cosecha (Hidalgo, López y Granda, 2013).

Otro ejemplo lo constituye la dinastía Han, en China, donde era frecuente la delegación de la elaboración de joyas (talla de jade, plata y oro) a los artesanos que procedían de otros grupos sociales, los cuales sabían dónde encontrar los metales preciosos, y a cambio se les ofrecía una gran cantidad de alimentos y otros recursos que estos grupos necesitaban (Hidalgo, López y Granda, 2013).

De manera que se puede afirmar que, desde los orígenes de la civilización, la necesidad de la tercerización ha estado presente en el desarrollo de las comunidades.

La adopción generalizada del modelo empresarial Outsourcing se produce "después de la Segunda Guerra Mundial, (cuando) las empresas trataron de concentrar en sí mismas la mayor cantidad posible de actividades para no tener que depender de proveedores externos", (Schneider, 2004, p. 34).

Sin embargo, dados los niveles de competitividad y los avances tecnológicos, de comunicaciones y la especialización creciente que enfrentaban las organizaciones, entre otras causas, "terminaría por (hacer) evidente que los departamentos de una empresa no podían mantenerse tan actualizados y competitivos como (sí lo hacían) las agencias independientes especializadas en las mismas áreas. Fue así como surgió el boom de las agencias consultoras en los años setenta". (Schneider, 2004, p. 34).

Uno de los pioneros del outsourcing fue el gigante de la electrónica Electronic Data Systems (EDS) quien, a principios de los 70, comenzó a externalizar contratos de gestión referidos al procesamiento de datos como forma de dar respuesta a la necesidad de las empresas de obtener mayor rendimiento de las altas inversiones realizadas en hardware (Hidalgo, López y Granda, 2013).

Por otra parte, Werther y Davis (2008, p.76) indican que "la expresión inglesa Outsourcing puede traducirse de manera casi literal como recurso a fuentes externas; de manera menos literal se puede explicar cómo transferencia de personal y puestos".

Es importante en este punto retomar el enfoque de Rothery (1996) expresado en el planteamiento del problema, cuando se expresa que el Outsourcing supone una relación entre empresa y proveedor, que busca construir el máximo de cohesión y confianza que permita generar un valor agregado, a través de una planificación de trabajo en conjunto y una comunicación oportuna.

Delegar parte de la gestión corporativa a una compañía que tiene como fundamento ser especialista en dicha área, es importante en la dinámica gerencial. Las ventajas y posibilidades de mejoramiento se concentran en los esfuerzos que los entes tercerizados, por medio de la aplicación de su conocimiento experto, faciliten la estrategia de consolidación dentro del pensamiento *ganar-ganar*.

Si bien las compañías que demandan los servicios Outsourcing pretenden compartir la responsabilidad de un proceso propio, la tranquilidad que le brinde el tercero, a través del profesionalismo y tecnicismo que emplee en sus operaciones, es fundamental para que ambas partes sientan que la nueva relación trae consigo beneficios importantes que fortalecen el ambiente empresarial.

Cuando existe plena confianza en las capacidades que tienen cada uno, y se trabaja en busca del mejoramiento continuo, se puede afirmar que se están acercando a un escenario donde se cumplen las expectativas, que regularmente pasa por dos etapas: la del contratante y la del contratado. El primero analiza si el precio, servicio, valor agregado, respuesta y apoyo llenan las expectativas por las que fue elegido; mientras el segundo busca las formas de satisfacer cada una de las necesidades de su *cliente*, que permita la consolidación de los procesos y logre uno de los tesoros más buscados del mundo comercial: la fidelización. En este ambiente favorable de intercambio, se puede asumir que existe una relación encaminada hacia la meta *ganar-ganar*.

El Concepto de Outsourcing

El concepto universal del modelo empresarial Outsourcing ha experimentado una gran evolución, amparada en la importancia que el proceso ha adquirido en las distintas épocas de la vida empresarial. En economía, el concepto puede definirse como la transferencia de la producción de bienes o servicios que habían sido desarrollados internamente hacia un tercero (Ellram & Billington, 2001).

La globalización, la evolución de los mercados y la innovación han permitido que el Outsourcing sea investigado y analizado en los diferentes escenarios del comercio internacional. Expone Ramírez (2014, p. 78) que "para la Organización Mundial del Comercio (OMC) el Outsourcing es traducido al español como *subcontratación* y definido como la acción de transferir a proveedores externos, mediante un contrato, algunas actividades que realiza regularmente la empresa y los derechos de esa empresa de tomar decisiones al respecto".

Agrega, además, que "en la literatura económica y de administración de empresas existen múltiples clasificaciones esquemáticas de esta práctica empresarial. Cada esquema refleja distintas concepciones de un mismo fenómeno, utilizando sus propios criterios y su propia terminología" (Ramírez, 2014, p. 91).

De acuerdo con lo anteriormente planteado, y dependiendo del medio donde se haya implementado y desarrollado el modelo de tercerización, las variantes de los conceptos están justificadas por las realidades asociadas al comportamiento de los mercados, al funcionamiento y a las propias relaciones entre organizaciones, haciendo que cada definición sea enriquecida en función del medio.

De esta manera, al término outsourcing suelen dársele tres enfoques o acepciones. La primera es aquella por la cual una empresa recurre a trabajadores que residen y trabajan fuera de la empresa, pero que proveen sus servicios de manera transfronteriza a clientes que residen en otro país. Un segundo uso del término outsourcing -que también se relaciona con el comercio internacional- tiene que ver con el flujo de mercancías intermedias para su uso en la producción de bienes finales. Un tercer enfoque tiene relación con la inversión extranjera. En este caso se trata de empresas que trasladan su producción doméstica a un tercer país (modo 3 de prestación de servicios en el lenguaje de comercio internacional), o que contratan en otro país a empresas que realizan una parte no esencial de sus funciones.

Sea cual fuere el enfoque, todos parecen coincidir en el objetivo de encontrar una fuente externa que pueda funcionar en un área del negocio de manera más eficiente, obteniendo así más tiempo y recursos para centrarse en los aspectos clave de la gestión empresarial (Almanza y Archundia, 2015).

Así, para Werther y Davis, (2000) los servicios de outsourcing son conocidos como servicios externos que una empresa requiere para completar funciones administrativas o de determinadas tareas técnicas que ya no puede realizar de manera interna por múltiples razones, la mayoría de las veces por motivos económicos.

Mondy (2005) trata de ser más específico y concreto al considerar el Outsourcing como el abastecimiento externo cuyo proceso consiste en transferir la responsabilidad de un área de servicio y sus objetivos a un proveedor externo, impulsado por la necesidad de reducir costos ocasionados por ingresos escasos o presupuestos más limitados, fusiones y adquisiciones que han creado muchos sistemas redundantes.

Por su parte Chase, Jacobs y Aquilano (2005) llaman subcontratación al outsourcing, y la definen la acción de mover algunas de las actividades internas y responsabilidades de decisión de la compañía a otros proveedores externos. La subcontratación implica más que los contratos comunes de compra y consulta, ya que no sólo se transfieren las actividades, sino también los recursos que permiten llevar a cabo dichas actividades, incluyendo personal, instalaciones, equipo, tecnología y otros activos. Así mismo, se transfieren las responsabilidades para tomar decisiones relativas a determinados elementos de las actividades.

Barry (2003), citado por Almanza y Archundia, (2015) se enfoca en el hecho mismo del vínculo comercial que se establece, y define el outsourcing como la relación contractual entre un vendedor externo y una empresa en la que el vendedor asume la responsabilidad de una o más funciones que pertenecen a la firma.

En la visión de Koontz, Weihrich y Cannice (2012), la importancia recae en la significación de los proveedores externos como un valioso instrumento para el crecimiento de una compañía y para la conservación de su posición competitiva. El outsourcing le permite a una empresa concentrarse en sus aptitudes y delegar a compañías externas la realización de actividades para las que estás son especialmente aptas.

Tal como se puede apreciar en la discusión precedente, el objetivo del proceso de outsourcing o externalización, busca encontrar una fuente externa que pueda funcionar en un área del negocio de manera más eficiente, obteniendo así más tiempo y recursos para centrarse en los aspectos clave de la gestión empresarial (Almanza y Archundia, 2015).

En este sentido, el outsourcing resulta ser para las firmas una fórmula para obtener mayor efectividad en el alcance de sus objetivos al utilizar los servicios de proveedores externos con mayor experiencia y conocimiento de las áreas subcontratadas, convirtiendo a las contratantes en empresas más competitivas dentro de su ramo.

Así mismo, el éxito en su implementación radica en la forma cómo las partes se integren y realicen una verdadera *sinergia*, entendiendo por tal a la suma de energías individuales que se multiplica progresivamente, reflejándose sobre la totalidad del grupo (Córtese, 2018). Las fortalezas de cada organización deben coincidir, de manera que puedan aprovechar los espacios de intercambio donde los procesos y operaciones resulten fortalecidos, volcando a la organización a espacios de mejora constante.

El Outsourcing se debe concebir como una responsabilidad compartida entre el cliente y los proveedores externos de servicios. (Su) esquema (…) implica una relación a largo plazo entre cliente y proveedor: es un compromiso del cual surge una alianza estratégica (Schneider, 2004, p. 33).

Modelos de Outsourcing

Teniendo en cuenta los diversos tipos de mercado existentes en el campo empresarial y a las nuevas opciones de emprendimiento y oportunidades de optimización de procesos, el Outsourcing toma diferentes formas de aplicación, según las áreas que busca satisfacer; costos, mejoramiento, ubicación, especialización, táctica y estrategia corporativa, son, en su mayoría, los grandes nichos que se benefician con la implementación del modelo de subcontratación.

Distintos autores han intentado organizar los modelos de Outsourcing según estás áreas de actuación. De esta manera, según el estudio Classification of Outsourcing Phenomena in Financial (2005), basados en la clasificación de Braun & Winter (2005), citado por Cartagena (2018), explican *cuatro dimensiones* esenciales de externalización:

- *Componentes Externalizados*, que describe los tipos de componentes de la organización que pasaran a manos del proveedor;
- *Actividades Subcontratadas*, que detallada las actividades que se relacionan con los componentes que pasa hacer parte de la empresa externa;
- *Individualización*, donde el proveedor toma la decisión si ofrecerá un servicio exclusivo para su cliente –en este caso la empresa que lo contrata– y de este modo brindarle mayor satisfacción y seguridad o, si al contrario, ofrecerá un servicio estándar, todo de acuerdo a las necesidades de la empresa que desea implementar el outsourcing;
- *Grado de Independencia*, que permite hacer una diferenciación entre la creación de una organización conjunta y la subcontratación.

Por otra parte, al implementar este modelo, las organizaciones buscan tres factores fundamentales: la reducción de costos, realizar mejoras en el servicio de la organización y darle un cambio radical al negocio (Cartagena, 2018). De acuerdo a estos factores, existen tres tipos de outsourcing:

- *Ubicación*: como lo indica la palabra, se refiere al lugar donde se encuentra ubicada la empresa que se encargará de la tercerización. Se divide en: *offchore outsourcing*, *nearshore outsourcing* y *inshore/onshore outsourcing*.

El *Offchore Outsourcing* se presenta cuando la organización contratada para realizar determinado proceso se encuentra ubicada en otro país. Para ello se seleccionan países con buenos perfiles técnicos, pero con tarifas más reducidas para maximizar el beneficio de ahorro de costes derivados de la estrategia de externalización. El objetivo de realizar este contrato es porque trae grandes beneficios a la empresa que decidió ceder la ejecución de esa actividad, como lograr la reducción en los costos de mano de obra, así como de los impuestos (Hidalgo, López, & Granda, 2013; Valero y Salvador, 2008).

El *Nearshore Outsourcing* hace referencia a que la firma contratada o proveedor se encuentra en un país cercano o vecino a la empresa que decidió tercerizar y en ambos se rigen o exigen el mismo proceso de subcontratación (Cartagena, 2018; Hidalgo, López, & Granda, 2013; Valero y Salvador, 2008).

El *Inshore/Onshore outsourcing* se da cuando ambas empresas (la que tomo la decisión de implementar el outsourcing y la contratada para hacerlo) se encuentran ubicadas en el mismo país (Cartagena, 2018; Hidalgo, López, & Granda, 2013). En la implementación de este modelo empresarial, el beneficio económico es menor en referencia al *Nearshore* y *Offshore*. Lo positivo de implementar esta alternativa se refleja en un mayor volumen en términos de producción y la facilidad de evitar los inconvenientes de trabajar con compañías ubicadas en locaciones internacionales.

- *Profundidad*: se divide en *Business Process Outsourcing* (BPO), que aplica cuando la empresa contratada se hace cargo de una actividad que tiene relación con la cadena de valor de la empresa que contrata el outsourcing y era ejecutada por un área de esa organización; y *Business Transformation Outsourcing* (BTO), donde la empresa que se encarga de la realización de la actividad no sólo la ejecuta, sino que también le añade valor, la transforma para mejorarla y para ello trabaja de la mano con la empresa que lo contrata (Cartagena, 2018; Hidalgo, López, & Granda, 2013).

Duque, González y García (2014, p. 16) el *BPO* son "las actividades de tercerización de servicios por parte de las organizaciones (teniendo en cuenta que lo que se subcontrata es todo un proceso, no solo una actividad o parte del proceso), que hoy en día tiene importancia en el ámbito empresarial del mundo, al ofrecer amplias oportunidades de reducción de costos y "mayor eficiencia" en la prestación de servicios", lo que permite consolidar éste proceso como una herramienta que facilita la labor empresarial desde un punto de vista económico y de gestión.

En tanto el BTO se define como "un programa que persigue la transformación del modo en que funciona el negocio para lograr una mejora inmediata y sostenible en el nivel de gestión empresarial" (García, Gallardo y Ayón, 2012, p. 61). En el BTO, la gestión propia de la operación del proceso tercerizado recae en la empresa Outsourcing, pero el trabajo conjunto con la compañía contratante es definitivo para avanzar en la generación constante de valor, teniendo como referencia el propio mercado, el medio competitivo, situándose próximos del "core" del negocio del contratante o influyendo directamente sobre él.

- *Especialidad*: consiste en el área o actividad que específicamente se transferirá a la empresa contratada para que ejecute su labor, por ejemplo, actividades de investigación, consultoría, procesos de la cadena de suministros o logísticos, administración de bases de datos, desarrollo de páginas web y en el área financiera. Son también llamados Legal Process Outsourcing (LPO), Logistics Bussines Process Outsourcing (LBPO), Information Technology Outsourcing (ITO), Financial & Administration Outsourcing (FAO) (Cartagena, 2018; Hidalgo, López, & Granda, 2013).
- *Uso de Voz*: trata de cómo se realizará el servicio que se tercerizará, si se utilizará solo la voz, como es el caso de un call center, o al contrario se realizarán tareas de soporte administrativo (Cartagena, 2018; Hidalgo, López, & Granda, 2013).

Adicionalmente, para Power (2006), citado por Ovalle & Forero (2012), los tipos de outsourcing son caracterizados desde los conceptos de *localización*, *profundidad*, *trabajo*, *responsabilidad*, *actividad* y *relación*, los cuales actúan dependiendo cómo las organizaciones aborden esta herramienta.

- La *Localización* quiere decir el lugar físico donde se realiza el proceso, sea en el interior o fuera de la empresa;
- La *Profundidad* indica el grado de penetración que tiene la empresa que terceriza e la actividad por la cual fue contratado;
- El *Trabajo* se refiera a que si el objetivo de la tercerización si es un proceso o un proyecto; la *Responsabilidad* se refiere a quién recibe el beneficio. Puede ser Tradicional, si el beneficio es para el que contrata el servicio, y Colaborativo, si el beneficio es para ambas partes;
- La *Actividad* se enfoca en la manufactura y las actividades directamente relacionadas con la fabricación. Puede ser Total, Parcial o Actividades de Servicios Administrativos;

- La *Relación* hace referencia al tipo de vínculo que se tiene con la actividad tercerizada. Puede ser de Soporte, de Confiabilidad, de Alineación y de Alianza.

Merchan (1998), citado por Cartagena (2018), propone una clasificación del outsourcing, en *global* y *selectivo*. El *Outsoucing Global* asigna la totalidad de servicios a un proveedor externo. En este caso, por lo general, se realiza con una fase de transferencia (adquisición) por parte del proveedor de toda la infraestructura tecnológica y humana de soporte. En tanto el *Outsourcing Selectivo* es el proceso mediante el cual se le entrega a un proveedor externo parte de los componentes.

Por último, en el momento que la empresa decida externalizar alguna actividad debe analizar la decisión respondiéndose que desea conseguir o para que desea contratar dicho servicio, Merchan (1998), citado por Cartagena (2018), manifiesta que en función del *nivel de análisis de la decisión* se encuentran dos tipos de tercerización los cuales son: *Outsourcing Táctico* y *Outsourcing Estratégico*. En el primero la decisión es simple, intuitiva, fundamentada sólo en externalizar por costos y se pueden subcontratar actividades que no son esenciales para la organización. En el segundo la toma de decisión es racional, tiene una fundamentación más amplia ya que no sólo tiene en cuenta los costos sino conseguir mejoras en la calidad y acceder a capacidades y conocimientos y se pueden subcontratar actividades que pueden ser fundamentales pero que no simboliza sus competencias esenciales.

Rivo (1999), citado por Cartagena (2018), agrega que existe una distinción entre el outsourcing táctico y el outsourcing estratégico. El primero abarca la externalización de actividades simples como la seguridad, oficios varios, y el segundo es todo lo contrario y se da cuando la empresa que implementa la subcontratación y el proveedor están íntimamente vinculados por ser actividades más relacionadas a la misión del negocio, o sea, que se da una cooperación que crece al aumentar el grado de interdependencia, como lo es el diseño de productos, la logística, entre otros.

Según Brown y Scott (2005), los niveles están vinculados al grado de madurez o evolución de la relación entre los socios del Outsourcing, lo que está fuertemente unido a la madurez de ambas organizaciones. En función de lo anterior, proponen *tres niveles* de implementación de la tercerización: *Outsourcing Táctico o Convencional*, *Outsourcing Estratégico o de Colaboración* y *Outsourcing Transformacional*.

Las razones para emplear *Outsourcing Táctico o Convencional* están vinculadas a problemas específicos de la empresa tales como la escasez de recursos financieros para inversiones de capital, débiles competencias para la gestión interna, ausencia de talento, o el deseo de reducir personal. Con frecuencia el Outsourcing táctico se relaciona a una gran reestructuración de la empresa. Algunos de los motivos para su aplicación pueden ser el obtener una inmediata reducción de costos, evitar la necesidad de inversiones futuras, lograr liquidez por la venta de recursos y reducir la carga de personal. Su centro es el *contrato*, efectuado únicamente como un contrato comercial (Pasquel, 2007).

El *Outsourcing Estratégico o de Colaboración* es una relación para construir valor en el largo plazo. En lugar de trabajar con una gran cantidad de proveedores, en un modelo estratégico la empresa trabaja con una pequeña cantidad de proveedores de servicios integrados de primer nivel. Estas relaciones evolucionan de acuerdos contractuales tipo comprador- vendedor (quienes se consideran rivales con frecuencia) a una de largo tiempo entre iguales, con el fin de alcanzar beneficios mutuos. El paso de uno al otro está relacionado con el hecho de que los ejecutivos de las organizaciones buscaron darle mayor valor al Outsourcing y encontraron que, en lugar de perder control con las operaciones tercerizadas, lograron un mayor control sobre las áreas bajo su responsabilidad y pudieron enfocarse en lo estratégico del negocio y de su labor (Pasquel, 2007).

Por último, *Outsourcing Transformacional* es considerado la tercera generación del Outsourcing. Este nivel usa la tercerización con el propósito de redefinir el negocio. Está vinculado directamente a los cambios del entorno, cada día más competitivo, complejo y globalizado, que determina las transformaciones y los desafíos, cada vez más frecuentes y de mayor incertidumbre, que las organizaciones y sus mercados deben emprender para mantenerse competitivas.

Adicionalmente, para Gil y Osorio (2014) el outsourcing ha evolucionado del enfoque *táctico* al *estratégico*, lo que significa que las empresas, desde una base filosófica que sustenta la decisión crucial de *hacer* o *comprar*, integran a su análisis decisor sobre su *core* (visión estratégica central), la visión, la misión y la cadena de valor.

Sin embargo, el proceso de tercerización puede llegar a incidir de manera esencial sobre el estado de la naturaleza de la organización y propiciar cambios sustanciales que terminan por transformar su *razón de ser*. De esta manera, la tercerización evoluciona, según David y Galvis (2012), citados por Gil y Osorio (2014), del *outsourcing táctico y estratégico* hacia el *transformacional*, que implica la implementación de nuevas tecnologías que logran un proceso efectivo con agregación de un valor diferencial a la organización. Este es el caso de la reelaboración eficaz de una parte del negocio con orientación experta y recursos que potencian su calidad; la tercerización de multiprocesos que permiten alcanzar las metas financieras y el cumplimiento de la expectativa relacionada con la percepción de valor por parte del cliente por el producto y/o servicio recibido; el cambio de BPO hacia actividades en internet -aplicaciones en la web que permiten al cliente estar a la vanguardia del manejo de procesos-, entre otros.

Tabla 1. Niveles de implementación del Outsourcing

DESCRIPCIÓN	NIVEL TÁCTICO	NIVEL ESTRATÉGICO	NIVEL TRANSFORMACIONAL
Generación de valor	Bajo	Medio	Alto
Enfoque	Las organizaciones contratantes concentan sus esfuerzos en el análisis de costos procesos de soporte.	La transformación se basa en aspectos funcionales y de mejoramiento de procesos. Mejoramiento de las capacidades internas de la organización	Se transforma la organización en términos generales, los costos se transformam en beneficios corporativos.
Diferencias	Costos, baja relacion estratégica, relaciones corto plazo	Servicios de alta calidad, se asumen operaciones estratégicas de la organización contratante.	Reestructuración de la organización, aliados estratégicos

Fuente: Leiva (2021)

De manera que, en función de lo anteriormente planteado, el nivel de profundidad para la contratación de un proceso Outsourcing pasa por el nivel táctico, estratégico y transformacional, teniendo variaciones en la generación de valor, el enfoque y en las propias diferencias que se generan en cada nivel.

Implementación del Outsourcing

Para Astudillo (2007), la metodología para implementar el outsourcing es esencialmente la incorporación de una buena práctica en la toma de decisiones gerenciales. La decisión para subcontratar necesita estar sujeta a un proceso administrativo apropiado y no principalmente sobre bases financieras o técnicas.

Como toda forma de implementación, la metodología incluye una serie de pasos que incluyen la evaluación, planeación y ejecución de un conjunto de decisiones que generalmente se deben realizar en todo el proceso de outsourcing. El objetivo principal de estos pasos es ayudar en la planeación y en la fijación de expectativas tanto fuera como dentro de la organización, indicando aquellas áreas donde se necesita un conocimiento especializado (Astudillo, 2007).

Es importante, además, antes de llevar a cabo una implementación de Outsourcing, realizar un análisis exhaustivo de la situación actual en la cual la empresa se encuentra con respecto al proceso que desee subcontratar, siendo el factor más determinante el análisis de costo/beneficio que se realice, tomando en cuenta las inversiones económicas que se van a llevar a cabo, el tiempo que se dedicará para implementarlo y los objetivos planteados que éste logrará (Bravo, 2018).

No hay que olvidar que una empresa que quiere implementar la tercerización lo hace con el propósito de lograr una ventaja competitiva enfocándose sólo en lo principal del negocio y de esta manera delegar actividades que no le generen tanto valor. Por eso es necesario evaluar cada uno de los procesos para establecer los costos y la importancia que tienen para la empresa de acuerdo con su misión. Para Velasco (2012), citado por Cartagena (2018), La implantación de una estrategia de tercerización requiere realizar una serie de pasos definidos previamente, analizando las diferentes estrategias a las que puede recurrir una organización para decidir qué hacer con aquellos procesos o subprocesos que son importantes.

Según Astudillo (2007), la metodología de implantación de un modelo outsourcing pasa por una serie de etapas, entre las que se cuentan:

- Etapa 1 Estrategia: Definir los objetivos, alcances y los límites de proyecto de outsourcing, determinando la factibilidad de este antes de realizar cualquier otra acción. El primer paso en la toma de decisiones corresponde a la identificación de las necesidades organizacionales y el establecimiento de un marco que permita establecer prioridades y procesos de negocio. Aquí se consideran los objetivos estratégicos y objetivos de la compañía, además de especificar el servicio que debe ser provisto e identificar las razones para considerar la subcontratación, incluyendo niveles de costo. Esto permite situar el proceso de decisión en un marco neutral.
- Etapa 2 Planeación Detallada: En esta etapa se deben establecer las líneas base y niveles de servicio requerido de los proveedores, se clarifican las relaciones entre las funciones a ser externalizadas y aquellas que seguirán siendo realizadas por la empresa contratante.
- Etapa 3: Negociación y Contratación: Una vez evaluadas las propuestas de acuerdo con diferentes criterios, se logra la selección de uno o un grupo de proveedores, los cuales van a conformar el servicio de outsourcing.
- Etapa 4: Implementación: Acá se establecen los procedimientos para la administración de la función subcontratada, se transfiere la responsabilidad

formal de las operaciones y se transfiere personal y activos según se haya acordado.

- *Etapa 5: Administración y Revisión*: Se administra la relación con el proveedor. Esta fase incluye la negociación y la implementación de todos los cambios necesarios en la realización del outsourcing.
- Etapa 6: Finalización: Decisión acerca de continuar con el mismo proveedor o cambiarse por otro. También puede existir la decisión de volver nuevamente las funciones al interior de la organización.

Para Bravo (2018), en la implementación de un modelo outsourcing se deben considerar dos aspectos. El primero, tiene que ver con la *oferta del mercado*; es decir, encontrar un proveedor que ofrezca un servicio superior al que actualmente se encuentra ejecutándose en la empresa, en caso de que ya se encuentre en ejecución. El otro aspecto tiene que ver con el *tipo de servicio y las condiciones mediante las cuales se vaya a implementar*; o sea, se debe tomar en cuenta un servicio oportuno en cuanto a tiempo y de una calidad superior que justifique el gasto.

En términos de Díaz (2012), citado por Bravo (2018), para llevarse a cabo un proceso de Outsourcing exitoso se deben tomar en consideración tres aspectos principales que involucran varias partes tanto dentro como fuera de una organización, debiendo hacer partícipes del desarrollo e implementación tanto a directivos, gerentes de áreas y a todo el personal involucrado para que puedan familiarizarse con las estrategias: la Estructura de la Empresa, las Actividades a Subcontratarse y la Selección de Proveedores.

Figura 1. Aspectos del Proceso de Outsourcing

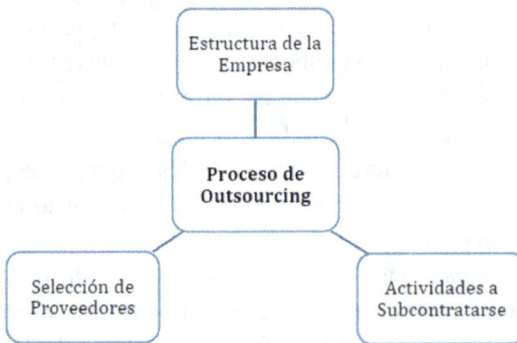

Fuente: Díaz (2012)

Cuando se hace referencia a la *Estructura de la Empresa* se quiere resaltar la necesidad de mentalizar el proceso sobre una misión muy bien definida que es el incremento del valor del producto que se entrega a los consumidores, es decir que se debe procurar una correcta administración del proceso de abastecimiento, aprovechando al máximo las habilidades de la organización y buscando subcontratar lo demás.

Igualmente se deben determinar las *Actividades por Subcontratarse*, cuáles específicamente pueden someterse a este proceso y cuáles no. Tanto las actividades estratégicas, como las que son altamente rentables, se pueden subcontratar, pero no es recomendable por su criticidad e impacto que tienen en la organización.

Por último, la *Selección de Proveedores* es, sin lugar a dudas, el proceso más delicado y significativo a realizarse, pues se debe analizar con detalle los potenciales proveedores para al final poder determinar si la relación costo/beneficio fue positiva; es decir que se realizó la actividad de forma externa a la empresa, con la misma o mejor calidad a un mismo o menor costo del que se designaba al realizarla de forma interna, llegando así a identificar una actividad empresarial rutinaria o de apoyo que no forma parte del núcleo del negocio.

Ahora bien, según Fernández (2002), citado por Bravo (2018), la metodología para implementar Outsourcing no hace referencia a un proceso teórico ni a una estructura formalizada que pretenda llevar a cabo la actividad de subcontratación, sino más bien a la aplicación de una serie de buenas prácticas ordenadas, buscando tener un control de la subcontratación desde el inicio, durante el desarrollo y en la finalización, cubriendo las expectativas y objetivos planteados.

Estas buenas prácticas han sido clasificadas en seis etapas ordenadas, las mismas que al ser ejecutadas de forma correcta garantizarán al final los resultados esperados y los objetivos cumplidos.

Figura 2. Etapas del Proceso de Outsourcing

Fuente: Bravo (2018)

En la etapa de *Inicio del Proyecto* Se identifica el alcance y limitaciones de la(s) actividad(es) considerada(s) para subcontratarse. Luego se pasa a la etapa de *Evaluación*, donde se examina la factibilidad del proyecto de Outsourcing, definiendo el alcance y limitaciones del mismo, además de informar en qué magnitud el proyecto llegará a satisfacer los criterios que se han establecido. Con estos argumentos se pasa a la etapa de *Planeación Detallada*, donde se establecen todos los criterios a considerarse para la subcontratación, definiéndose que detalles se deben tener en cuenta para la publicación y llamamiento a concurso. Luego se pasa a la etapa de *Contratación*, donde se selecciona a un proveedor externo denominado contratista que se encargará de brindar el servicio subcontratado. Sigue la etapa de *Transición*; acá se establecen los procedimientos para llevar a cabo la administración del servicio subcontratado. Es dentro de éste proceso que se transfiere formalmente las operaciones, personal y activos de acuerdo a los términos estipulados en el contrato. Y cierra la etapa de *Evaluación y Administración del Proyecto*, donde se hace una minuciosa revisión del contrato firmado al principio del servicio subcontratado, además de la documentación levantada durante todo el proceso, haciendo especial énfasis en el plan de transición, con el objetivo de ir verificando el cumplimiento de las actividades planteadas en cuanto a tiempos y resultados.

Para Merchán (1998), citado por Cartagena (2018), la estructura metodológica del outsourcing está conformada por tres fases: la fase de *Pre-Outsourcing, Fase de Contratación* y *Fase de Transición y Operación*.

En la F*ase de Pre-Outsourcing* se realiza el estudio de viabilidad en función de las condiciones actuales de empresa y las expectativas en relación con los riesgos; en la *Fase de Contratación* se selecciona al proveedor y se pacta la relación dentro del pensamiento ganar–ganar, se tocan puntos clave como las actividades a delegar, los costos y beneficios, entre otros; por último, en la *Fase de Transición y Operación*, se transfieren las actividades y para ello se diseñan herramientas que permitan la vigilancia continua de los procesos para que sean bien implementados y poder hacer los ajustes necesarios.

Por otra parte, Lara y Martínez (2002) proponen que para implementar el outsourcing en una empresa se debe cumplir con un ciclo compuesto por: *Objetivos e Identificación de Tareas*, Estudio *de Oferta* y *Contratación*.

En el primero, *Objetivos e Identificación de Tareas*, la empresa debe realizar un plan estratégico para evaluar las actividades y/o funciones a subcontratar. Para ello puede hacer uso de un estudio de viabilidad, que le permite realizar una mirada amplia de todos los factores claves de la empresa. Luego, en el *Estudio de Oferta* se debe hacer un análisis de cada una de las organizaciones que están dispuestas a desarrollar las actividades, teniendo en cuenta los primeros estudios; para ello se deben evaluar algunos elementos, como el compromiso de calidad y precio, los términos del contrato, la ubicación, entre otros, para tomar una decisión asertiva. Por último, la *Contratación*, donde se pactan los acuerdos mutuos y las actividades y tareas a externalizar; primero se realiza un borrador con el propósito de realizar los cambios pertinentes, hasta que ambas partes estén de acuerdo con lo pactado y se firme el contrato definitivo (Lara y Martínez, 2002).

Igualmente, Luna (2014) muestra otras fases para la implementación del outsourcing en las empresas, donde resalta que, al tomar la decisión de tercerizar o no algún proceso o servicio, se deben tener en cuenta todas las ventajas y desventajas, de modo que sí se cumpla con la estrategia corporativa y se vean reflejados los beneficios. Las fases son:

Fase 0. Inicio del proyecto: Los directivos participan del proceso con el objetivo de evaluar la factibilidad, además se consideran aspectos como el alcance, todo esto debe estar plasmado en un documento y por último se evalúan los beneficios.

Fase 1: La evaluación: de acuerdo con la evaluación anterior se determinan los límites para observar en qué momento se verán los beneficios que se esperan obtener al implementar la tercerización y se toma la decisión si se procede o no con la siguiente etapa.

Fase 2. La planeación detallada: en esta se establecen los criterios y requisitos de la empresa y se procede a buscar los interesados que desean quedarse con la tercerización, se prepara un plan de procesos, donde se anexa información como los servicios a transferir.

Fase 3. Contratación: se selecciona el proveedor que cumpla con las características que busca la empresa y que más se acople a sus necesidades, se pacta el proceso o actividad a delegar y el tiempo.

Fase 4. Transición del servicio: se realiza la entrega de la actividad, proceso o servicio de manera que la empresa que se encargará en adelante de la tercerización cumpla con responsabilidad teniendo en cuenta la estrategia de la organización.

Fase 5. Administración y revisión: se evalúan los procesos que realiza la empresa encargada del outsourcing con el objetivo de incorporar mejoras, ambas empresas siempre van conectadas para que todo marche bien.

Es importante rescatar lo planteado por Velaso (2012), citado por Cartagena (2018), al resaltar los modelos propuestos por McIvor (2011), Sink & Langley (1997) y Bagchi & Virum (1998). Todos estos autores consideran la tercerización como un proceso, aunque bajo de diferentes perspectivas. Por ejemplo, McIvor cree conveniente implementar el outsourcing en las empresas por las ventajas que se consiguen, pero enfoca su análisis desde las actividades más importantes del negocio y el proveedor, asumiendo dentro de este un factor clave como es la selección y el seguimiento que se debe implementar para la buena ejecución de las tareas. Por otro lado Sink & Langley y Bgchi & Virum explican una etapa que va más allá del primer modelo y es la implementación, el cual consideran que es repetitivo. En ambos casos, los autores exponen dos modelos muy complementarios con algunas semejanzas, pero que son de gran ayuda para las empresas que deseen implementar el outsourcing como guía para desarrollar un buen contrato.

Figura 3. Modelo de Implementación del Outsourcing de McIvor

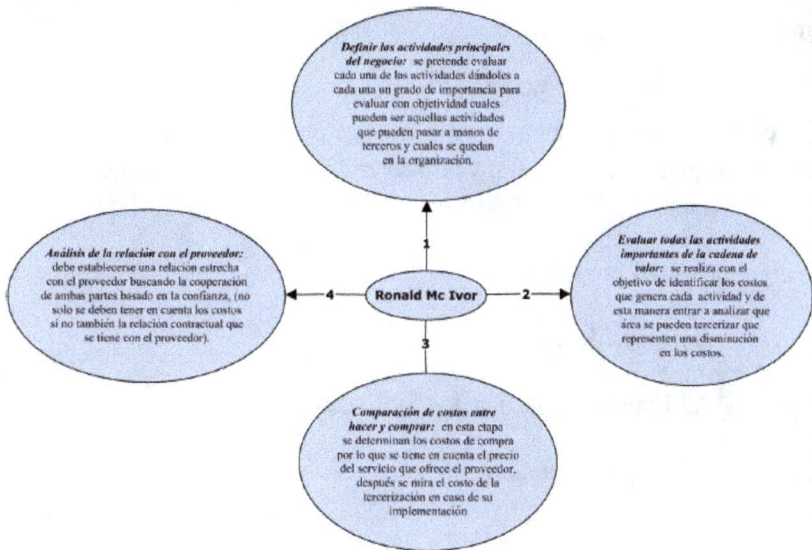

Fuente: Cartagena (2018)

Figura 4. Modelo de Implementación del Outsourcing de Sink & Langley y Bgchi & Virum

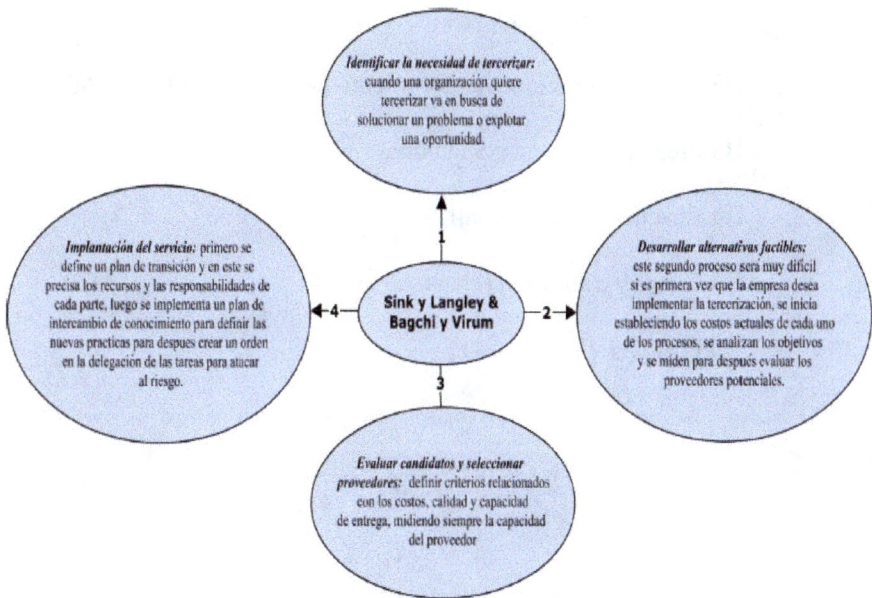

Fuente: Cartagena (2018)

Ahora bien, adicionalmente hay propuestas de modelos basados en la idea del Ciclo de Vida de los Proyectos, desde su generación hasta su término (Ramírez, 2014).

En primer lugar, se encuentra el *Esquema Hoenike y Van Elsen*, que se centra en el proceso de contratación dentro de un proyecto de externalización y distingue dos planos: uno general y otro referido a la contratación, que se mezclan y complementan.

A) Etapas del Proyecto.

    A1 Etapa de preparación general.

    A2 Etapa de planificación individual.

    A3 Etapa de implementación.

    A4 Etapa de Operaciones.

    A5 Etapa de terminación.

B) Fases del Proceso de Contratación.

    B1 Preparación del requerimiento de propuestas

    B2 Proceso interno de requerimiento de propuestas (etapa A2)

    B3 Preparación de negociaciones

    B4 El acuerdo de externalización

    B5 Cierre y transición (etapa A3 y A4)

    B6 Post cierre (etapa A4)

Figura 5. Modelo de Implementación Hoenike y Van Elsen

Etapas de un proyecto de	El proceso de contratación desde SDP al cierre
(a) Fase de preparación general	Preparación del SDP
(b) Fase de planificación individual	El proceso intrínseco de
(c) Fase de implementación	Preparación y selección
	El acuerdo de *outsourcing*
(d) Fase de operación	Cierre y transición
	Post-cierre
(e) Fase terminal	

Fuente: Ramírez (2014)

En segundo lugar, se encuentra el *Esquema de la EOA* (*European Outsourcing Organization*) que diseñó un esquema de carácter general de todo el proceso de externalización, que se centra en la dirección estratégica y tres ejes interrelacionados.

Figura 6. Modelo de Implementación EOA

Fuente: Ramírez (2014)

Por último, tenemos el *Esquema ISO*, concretamente la ISO Guideline 37500 Draft plantea el siguiente esquema de ciclo de vida de un proyecto de externalización.

Figura 7. Modelo de Implementación ISO

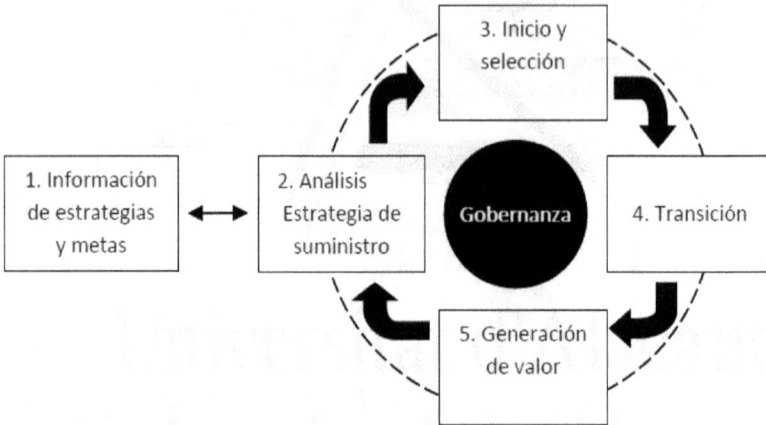

Fuente: Ramírez (2014)

Como se puede apreciar, los distintos modelos de implementación poseen elementos comunes y diferenciadores, lo que significa que existen pasos que pueden englobarse en un esquema general que incluye el diagnóstico de la necesidad, la decisión informada de llevarla a cabo, la planificación del proceso de externalización, la ejecución del proyecto, la evaluación permanente y el cierre, componentes que coinciden con los fundamentos básicos de la planeación estratégica corporativa.

Implementación del Outsourcing en las Economías Desarrolladas del Mundo. La implementación del Outsourcing en el mundo ha sido significativa. Los Estados Unidos, por ejemplo, ha integrado dentro de su estructura comercial la subcontratación buscando rentabilidad y costos favorables dentro de la gestión de sus mercados. El objetivo principal de la tercerización es reducir costos; quizás sea esta la razón por la que el modelo de negocio se ha implementado cada vez más con el transcurrir del tiempo. Pero, si bien es cierto los costos en ámbitos específicos de las empresas pueden llegar a disminuir, la posibilidad de acceder a nuevas formas de trabajo y tecnologías empuja a la organización contratante a apostar por la metodología tercerizada (Lacity, 1993). Sin embargo, ha sido objeto de controversia, pues la exportación de empleos, que algunas corporaciones están realizando actualmente, consiste en despedir mano de obra altamente calificada y reemplazarla por mano de obra extranjera contratada a un costo mucho menor en otros países de habla inglesa.

Esto se ha originado por el contexto y la serie de cambios que se encuentran en los mercados, que se han visto afectados directamente por la globalización y la lucha constante por la permanencia ante la competencia en los negocios, lo que han propiciado que las empresas busquen una nueva forma de gestionar al recurso humano.

La crisis económica mundial, que sacudió a todo el mundo en 2008, generó reacción en las empresas, que se vieron en la necesidad de recurrir a estrategias que le permitieran obtener beneficios aún sin poder tener la autonomía de contratar personal, reducir costos y mantener su rentabilidad en el negocio.

La problemática ha provocado la búsqueda de oportunidades en un mundo en permanente cambio. Las empresas han tenido que hacer ajustes para poder ser eficientes desde el enfoque laboral. Al hacer transferencia de responsabilidades o de trabajo a terceros, han encontrado una forma donde la organización pueda ser favorecida por otra compañía para desempeñar actividades específicas, pero que no generan un valor al negocio.

Cuando una compañía decide tercerizar una parte de su estructura funcional, traspasa una serie de elementos que apuntan, sin lugar a dudas, a los costos ocultos que regularmente no se tienen en cuenta y que puede aliviar la carga de la empresa contratante. Aspectos como el talento humano, con todo lo que conlleva (prestaciones sociales, dotación, bonificaciones, primas, entre otros), hacen parte de los factores económicos que delegará al tercero. Otro punto que resulta importante señalar es, por ejemplo, el área de compras, pues resumirá en una sola factura lo que antes realizaba por separado, agilizando y disminuyendo la carga en este apartado.

De acuerdo con Maldonado (2006), resulta estratégico para las organizaciones la opción de operar con calidad siguiendo la ruta marcada por la globalización, donde el futuro o la permanencia de una compañía depende de la forma como se formulen las estrategias de valor, que permitan la viabilidad económica y competitiva, siendo parte del factor que cobija el libre comercio.

Un ejemplo de implementación del outsourcing es la multinacional estadounidense Nike. Esta reconocida empresa de calzado, ropa, equipo y otros artículos deportivos centraliza solo las actividades de diseño e investigación, todas las demás funciones que necesita para producir y comercializar sus productos las subcontrata con empresas de todo el mundo (Bedoya, 2018, p. 103).

Esta estrategia le permite a la multinacional enfocarse en su verdadero papel. Para que una compañía pueda desligarse de todos los procesos que retrasan el potencial de su marca, debe analizar con detenimiento su estrategia corporativa y los impactos que trae consigo el proceso de tercerización. Un ejemplo claro son las organizaciones que tienen edificaciones y poseen activos, como equipos y maquinarias, que buscan la manera de proteger y salvaguardar estas propiedades contratando a una empresa especialista en seguridad. Si tuviesen que realizar esta labor, los inconvenientes serían muchos y todas las gestiones para implementar el proceso de seguridad, la alejarían de su verdadero objetivo estratégico. Es en este punto donde el modelo Outsourcing permite avanzar y asegurar una operación de gran importancia para la entidad contratante.

En Europa, la aceptación del Outsourcing ha sido favorable. Países como España, Reino Unido, Francia, entre otros, han crecido en la implementación del modelo empresarial dentro de sus procesos y estructuras organizacionales.

Según el estudio "Outsourcing estratégico en Europa", realizado por la consultora CSC Ploenzke (Computer Sciences Corporation) en 2003, en términos generales, "el 57% de las compañías más importantes en Europa hacen uso del outsourcing estratégico. Las compañías británicas hacen más uso del outsourcing estratégico que otras compañías del resto de Europa (Hernando y Carro, 2005, p. 625).

Dado el impacto en los costos que representa el Outsourcing, cada vez más las grandes industrias acogen esta estrategia. A su vez, la especialización y el valor, en el aspecto competitivo, favorecen su implementación.

En consecuencia, la opción de outsourcing debería abordarse como un proyecto estratégico y, como tal, plantearse cuestiones fundamentales de la empresa, como la visión de futuro, las competencias básicas, la estructura, los costes y la ventaja competitiva (Greaver, 1999).

El desarrollo del Outsourcing en las economías desarrolladas ha conllevado a que la práctica se multiplique y llegue a todos los mercados del mundo. Guiados por una gran capacidad económica, las grandes organizaciones han trasladado su potencial con la finalidad de seguir siendo competitivos y por mantener un espacio que les permita seguir en vigencia.

Características de la Empresa Outsourcing en Economías Desarrolladas. Las empresas Outsourcing en el mundo, poco a poco se han convertido en una posibilidad para llevar a otro nivel los procesos en los cuales la tercerización puede brindar mayor costo-beneficio.

Una de las principales características de este modelo empresarial consiste en la capacidad de ahorro que genera, al contratar una empresa especialista en la operación que la organización desea fortalecer y traspasar. Los beneficios varían, según el análisis y punto de vista referente al modelo: gastos en seguridad social, gestión en las compras, liberación de carga laboral al equipo de talento humano, entre otros, facilitan la toma de decisión para llevar a cabo un convenio o alianza comercial.

Uno de los obstáculos más grandes para el despegue de una organización de cualquier tipo o tamaño, lo constituye el cúmulo de funciones ajenas a su verdadero objetivo. Las actividades ajenas al objetivo que la empresa se ha trazado como propio y prioritario pueden definirse como actividades de soporte, de logística o no distintivas; en consecuencia, aquellas racionadas con su objetivo serán actividades distintivas, lo que se conoce como su *core business*[1] *(*Schneider, 2004, p. 31).

Desde el punto de vista organizacional, una de las características que más pueden llamar la atención del modelo tercerizado es la forma cómo la compañía usuaria del servicio inicia un proceso de redireccionamiento y reorganización de sus componentes internos. Todas las operaciones que antes eran puestas en marcha por la organización serán gestionadas por el *socio* estratégico externo, con un ritmo y especialidad conveniente para lograr los objetivos trazados, desde el enfoque gerencial, a través de nuevas herramientas y metodologías.

Otras características primordiales en el juego de implementación tercera, se enfocan en la confección del contrato, el cuál goza de cláusulas en donde las responsabilidades y obligaciones de parte y parte se tornan fundamentales para el

---

[1] El concepto de *core business*, en el ámbito empresarial, se refiere a la actividad que tiene la capacidad de generar valor y que resulta esencial para conseguir una ventaja competitiva de gran beneficio para la compañía. La traducción de *core business* al castellano podría ser competencia distintiva, competencia clave, competencia básica o giro del negocio. Se concreta a través de un estudio de la cadena de valor, que permite determinar las actividades que se precisan para satisfacer a los usuarios, sus costes y los posteriores rendimientos (Zook, 2007).

normal desarrollo de las operaciones: Criterios de pago, definición del alcance de las áreas cubiertas, metodologías de trabajo, evaluación y control del servicio, entre otros, forman cada uno de los ítems que hacen del Outsourcing una herramienta de crecimiento y de constante innovación empresarial, ya que permite la oxigenación de las operaciones de la compañía que no presentan una verdadera evolución y aporte al grupo corporativo, requiriendo de nuevos conceptos que dinamicen y agilicen el desarrollo de los procesos.

Por otra parte, el outsourcing ha sido parte normal del comercio internacional por décadas. La creciente externalización de los servicios en los países industriales es simplemente un reflejo de los beneficios del aumento de la división del trabajo y el comercio que ha caracterizado a los bienes manufacturados. La tecnología determina lo que es o no un bien transable, y los adelantos tecnológicos (especialmente en el procesamiento de información, las comunicaciones y el transporte) están facilitando cada vez más el comercio de servicios que antes resultaba demasiado oneroso (Amiti y Wei, 2004).

Agregan Amiti y Wei (2004) que en las estadísticas de balanza de pagos del FMI, que recoge las importaciones de servicios e incluyen las categorías más estrechamente relacionadas con la externalización –otros servicios empresariales y servicios de cómputo e informática–, las importaciones de servicios de las empresas estadounidenses como porcentaje del PIB casi se han duplicado en cada una de las últimas décadas, pasando del 0,1% en 1983 a 0,2% en 1993 y 0,4% en 2003 (gráfico 1). En el Reino Unido, la proporción se acerca al 1% del PIB.

En el caso de Estados Unidos el outsourcing ha tenido un crecimiento explosivo en varias áreas correspondientes a las tecnologías de información. La industria de outsourcing en Tecnologías de la Información continúa desempeñando un papel de líder en las ya crecientes tendencias del modelo. De 56 billones de dólares alcanzados en el 2000, se espera que la industria crezca a ritmos del 10 a 15% anual hasta alcanzar los 100 billones de dólares para el 2007 (Astudillo, 2007).

En la encuesta anual a usuarios y proveedores, IT Index 2001, el Instituto de Outsourcing de los Estados Unidos detectó que esta industria ha venido evolucionando en búsqueda de relaciones más estables con el proveedor (…) Estudios recientes de IDC (Internacional Data Corporation) afirman que las compañías ahora desean poseer outsourcing además de reducir sus costos, mantenerse al tanto de las tecnologías líderes, construir alianzas, crear valor para sus clientes y ampliar infraestructura y alcance de sus operaciones. Estas respuestas confirman lo anterior en donde existe una tendencia de contratar empresas de alcance internacional. Regional 8%; Nacional el 38%; Internacional 54% (Astudillo, 2007, p. 11).

Según Bedoya (2018), el outsourcing en los países desarrollados no sólo se aplica a la producción; también es implementado en áreas como mercadeo, finanzas, gestión humana, logística y tecnología de la información. Por ejemplo, en el área financiera, para servicios relacionados con la planeación y la declaración tributaria, se puesto en marcha los servicios del outsourcing. Lo mismo sucede con el área de gestión humana, ya que procesos como el reclutamiento y la selección de personal se contratan con empresas especializadas en estas tareas.

El outsourcing actualmente se utiliza tanto en grandes corporaciones como en pequeñas y medianas empresas. Fórneas (2008), citado por Arce, Chacón y España (2017), aclara que el concepto de outsourcing en ocasiones tiende a emplearse mal y detalla las siguientes características como necesarias para que una contratación se considere un outsourcing:

- Es un servicio que se contrata generalmente por más de un año, donde el sujeto contratado tiene un grado de autonomía significativo y adquiere algunas de las responsabilidades del contratante, además el contratado asume riesgos indirectos.
- Lleva asociados parámetros de calidad medibles y las condiciones son pactadas desde la primera contratación.
- Requiere de una medida de calidad objetiva. Esto implica que las actividades del sujeto contratado son controladas por el cliente, la responsabilidad del contratado es exclusivamente para la realización de tareas definidas. Si la contratación dura menos de un año, ya no se le podría considerar outsourcing.

Tradicionalmente, esta práctica era considerada como un medio para reducir los costos; sin embargo, en los últimos años ha demostrado ser una herramienta útil para el crecimiento de las empresas por razones tales como:

- Es más económica. Reducción y control del gasto de operación.
- Concentración de los negocios y disposición más apropiada de los fondos de capital, debido a la reducción o no uso de los mismos en funciones no relacionadas con la razón de ser de la compañía.
- Acceso al dinero efectivo. Se puede incluir la transferencia de los activos del cliente al proveedor.

– Manejo más fácil de las funciones complejas o que están fuera de control.
– Disposición de personal altamente capacitado.
– Mayor eficiencia.

Implementación del Outsourcing en Latinoamérica. La implementación del modelo Outsourcing en economías de Latinoamericanas continúa en ascenso. Tanto el sector público como el privado, mantienen diversos tipos de procesos tercerizados. Regularmente, las áreas de logística, mercadeo, seguridad, informática, mantenimiento, construcción, limpieza, entre otros, son las áreas que mayormente se encuentran registrados dentro de la estrategia corporativa, que busca el mejoramiento y el bienestar del colectivo organizacional.

En países como México, Brasil, Colombia, Argentina, Chile, entre otros, el modelo ha tenido sus pros y contras. La aceptación del modelo pasa por la forma cómo se asume y se emplea el concepto, así como por los impactos que han generado esta práctica empresarial.

La precarización laboral es sin duda un tema fundamental que permea las distintas realidades industriales y económicas en América Latina. Se trata de un complejo proceso que se ha erigido en una tendencia global (Iranzo y Richter, 2005).

Es de vital importancia señalar que el modelo Outsourcing no debe ser empleado para el desmejoramiento o precarización de los derechos de los trabajadores alrededor del mundo. La tercerización debe ser vista y ejecutada desde la oportunidad de mejorar y reestructurar la composición de un ente empresarial que lo lleve a escenarios claramente competitivos. "Se trata de una herramienta, de gestión de las empresas que utilizará en el marco estratégico de su planificación con el objetivo de mejorar la eficiencia (no solo bajando costos) de sus actividades empresariales. Propiciando, así, la especialización, modernización y un incremento de su competitividad" (Romero, 2003).

La flexibilización laboral, de la que el proceso Outsourcing saca provecho, ha permitido que los grupos de empresas, que regularmente componen el nicho de oferentes y que son conformados en su gran mayoría por pymes, resulten directamente beneficiadas en medio de las diversas oportunidades que ofrece los propios mercados locales y sus respectivas reglamentaciones.

Si bien, la implementación del modelo empresarial puede traer consigo consecuencias *colaterales*, producto del proceso de implementación, es una realidad a la que, gracias al libre comercio, las pequeñas y medianas empresas pueden acceder cada vez más a espacios de participación y competencia, ligados a los procesos de licitaciones, tanto en el plano público y privado, favoreciendo y fortaleciendo los espacios económicos de una sociedad.

De acuerdo con Luna (2011), según el estudio *Atracción Nearshore Latinoamérica, Destino Atractivo de Tercerización Global*, de KPMG Internacional, América Latina, con países como México, Argentina, Brasil, Chile y Colombia, se posiciona como zona amigable para el Outsourcing. Además, Costa Rica, Panamá, Uruguay y otros países de la región también están comenzando a participar en esta industria. Indicadores de otras firmas de consultoría han manifestado que sólo en el año 2011 creció entre 5 y 5.5 por ciento, y, a nivel de América Latina, Brasil ocupa el primer sitio en el desarrollo de tercerización de servicios, quedando México como segundo con un de 10 por ciento menor.

A medida que la estrategia de Outsourcing se emplea cada vez más en las economías latinas, las legislaciones de los diversos países avalan su implementación. En Chile, por ejemplo, según Morgado (2013), la Ley 20.123, de octubre de 2006, regula dos formas de externalización de la prestación del trabajo: 1) la subcontratación, y 2) el trabajo a cargo de empresas de servicios transitorios.

Con el pasar de los años y la evolución que trae consigo la globalización, las operaciones outsourcing se asentarán cada vez más, formando mercados competitivos que permitan el avance de los procesos en donde se implemente el modelo empresarial.

Características de la Empresa Outsourcing en Latinoamérica. En Latinoamérica, la apertura hacia el modelo Outsourcing, ha permitido el auge de pequeñas y medianas empresas. Los diversos tipos de servicios que brindan, facilita la competitividad y benefician los escenarios de selección, visto desde la óptica del contratante.

Dado el espíritu emprendedor latino, y la propia situación económica de los países con economías emergentes, las compañías de tercerización provienen de ideas de emprendimiento a la solución de problemas empresariales, que se formalizan jurídicamente en función de los resultados obtenidos en dichos procesos.

En otras palabras, el nivel de especialización y profesionalización de las compañías terceras, aumenta cada vez más y se suman a la lista de indicadores que intervienen en la estructura económica de un país.

Latinoamérica es la región en la que más países y empresas ponen su mira a la hora de externalizar. Esto debido a su bajo costo, la calidad de sus productos y/o servicios y la fácil adaptabilidad a las demandas de los clientes. En los últimos 15 años, los países latinoamericanos han aprovechado este sector y han potenciado sus cualidades para ser más atractivos para el mercado. Una de las ventajas en Latinoamérica es su variedad en lenguajes, en la mayoría de sus países se habla español, en ciertos países el lenguaje natal es el inglés y en Brasil el portugués. Pero además la globalización y la competitividad hace que ya la mayoría de los países se hable con normalidad el inglés. Así, las nuevas generaciones estudian al menos uno o dos idiomas. Es un verdadero entorno multilingüe y multicultural (Howell, 2017, 18 de abril).

Por otra parte, el sistema político y económico de los países de la región ha desarrollado estrategias para incentivar la gestión de servicios por medio de tratados de libre comercio. Se han creado zonas francas y otros tratados comerciales que no sólo generan mayor interés, sino que eliminan las barreras de entrada y reducen los costos para las empresas. La infraestructura tecnológica de punta y las garantías en servicios básicos promueven el interés y los beneficios de la región. Los tipos de oferta que se realizan en Latinoamérica han evolucionado desde los servicios básicos en los conocidos call center o contact center hasta el desarrollo de software (Howell, 2017, 18 de abril).

En Colombia, por ejemplo, pese al aumento considerable del indicador de desempleo, el segmento liderado por las empresas Outsourcing, generó para el año 2018 US$ 23.000 millones, con un crecimiento anual del 19%, de acuerdo al reporte suministrado por la Asociación Colombiana de Contact Centers y Business Process Outsourcing (BPO) (García, 2019, 11 de abril).

Algunas cifras muestran cómo el proceso innovador presiona de forma positiva la intención de las empresas terceras, no sólo de aportar al crecimiento y desarrollo de un país, sino también en la consolidación como estrategia gerencial que facilita la generación de valor de las compañías primarias. En la siguiente Tabla, número 26 del documento *Deloitte's 2016 Global Outsourcing Survey* (Deloitte LLP, 2016) citado por Centro de Estudios Sociales y Laborales (CESLA, 2019), se expresa la motivación para realizar la subcontratación. Como puede observarse, los motivos que esgrimen las empresas para subcontratar se asocian a la *reducción de costos y gastos*; *la especialización que permite centrarse en las actividades que le generan mayor valor al negocio*; la posibilidad de *suavizar los ciclos de los negocios por medio del incremento o reducción en la capacidad instalada*; la *mejoría en los servicios al contratar con empresas especializadas*; el *acceso a capital humano especializado y entrenado* en áreas diferentes a las del negocio; entre otros.

Figura 8. Información Deloitte

Es una herramienta para reducir costos y gastos — 59
Permite centrarse en las funciones principales/misionales del negocio — 57
Resuelve problemas de capacidad (instalada) — 47
Mejora la calidad del servicio — 31
Es un proceso crítico para las necesidades del negocio — 28
Acceso a expertos, conocimientos y herramientas especializadas — 28
Gestión de procesos de negocio — 17
Promueve el cambio en la organización — 17

Fuente: Deloitte LLP (2016)

Según Hidalgo, López y Granda, (2013), el Outsourcing es, además, un fenómeno global, con un claro impacto socio-económico en el contexto internacional. De hecho, y debido fundamentalmente a la necesidad de las empresas de reducir sus costes, se ha convertido en una fuente de oportunidades para el crecimiento y el empleo en los países en vías de desarrollo.

Para las economías emergentes, hacer uso de los distintos tipos de negocio que existen en el mercado global, representa una verdadera oportunidad. La tercerización aparece como medio para dinamizar, no sólo una organización, también al medio en donde ésta se desarrolla y comparte su influencia.

Caso Panamá. El modelo Outsourcing se abre cada vez más espacio en la economía panameña. Las grandes compañías locales, en la búsqueda de la eficiencia, la eficacia en las operaciones, así como de mayores volúmenes de ganancia, recurren a empresas terceras que sirven de soporte para mejorar los procesos que no pertenecen a su verdadero core business.

Gracias al crecimiento económico sostenido del país en los últimos 10 años, la posibilidad de contar con empresas Outsourcing en el mercado panameño ha venido en aumento. Desde el sector público hasta el privado, la implementación del modelo empresarial ha sido fundamental para que exista, poco a poco, credibilidad en la implementación de los procesos tercerizados.

Según Murgas (2014), "la globalización ha propiciado la distribución y encadenamiento de los procesos productivos, relocalizados desde los grandes centros económicos hacia los países de la periferia, con su atractivo de mano de obra de menor costo, virtual ventaja comparativa. La externalización constituye una estrategia de administración que permite concentrar las tareas gerenciales en el mencionado núcleo duro, en las cuales se integra la actividad de la empresa" (p.4).

En Panamá, como en otros países, en el tema de la tercerización se mantienen posturas encontradas. A pesar de las distintas apreciaciones, no se puede desconocer que el modelo presenta oportunidades de nuevas formas de emprendimiento, ligadas al sector de comunicaciones, mercadeo, financiero, talento humano, seguridad, limpieza entre otros.

Considerando lo anterior, es pertinente resaltar lo planteado por Murgas (2014, p. 7–8),

"En lo que se refiere a ciertas modalidades de "externalización" de servicios, conviene hacer dos precisiones. Una cosa es que ciertos servicios, por la aparición de empresas de prestación de servicios especializados, pueda aceptarse como jurídicamente válido que suministren a otras empresas esos servicios, sin ánimo de fraude laboral y conservando las primeras, plenamente, la condición de empleadoras y de responsables pecuniariamente. Es el caso de ciertos servicios especializados, como los de vigilancia o seguridad, aseo y hasta los de mensajería. Otra cosa es que, al calor de las tendencias a la descentralización de la estructura productiva, en abierta violación a las normas existentes, se pretenda simplemente crear empresas "satélites" con la característica de que integralmente responden al giro de actividad de la empresa principal".

Es importante el rol de la legislación en las economías en las que se aplica el modelo Outsourcing, si bien la posibilidad de que nuevas formas empresariales nacen de la propia globalización y competitividad que convergen en los mercados mundiales, es necesario la vigilancia y control por parte de los entes gubernamentales, que protejan el derecho al trabajo digno de la sociedad.

En el caso panameño, la modalidad de servicios administrados propone un cambio en la manera como se manejan los procesos a nivel interno por medio de la tercerización de un servicio, con el fin de que la empresa externa tenga el control total o parcial de éste y así mismo las responsabilidades que derivan de esa autoridad (Morán, 2015, 10 de septiembre). Al ser un país con una ubicación geográfica estratégica y una economía que facilita el proceso de emprendimiento a través de su propia legislación, la demanda de este servicio aumenta en la medida que la competencia local se ajusta y las compañías buscan la manera de realizar sus procesos con mayor eficiencia y eficacia.

Pese al proteccionismo de las legislaciones enfocadas al mercado laboral, la República de Panamá ofrece un buen escenario para que empresas Outsourcing prosperen y puedan desarrollar todo su potencial. Entidades gubernamentales como AMPYME (Autoridad de la Micro, Pequeña y Mediana Empresa) (2011), en su resolución No. 001 (Resolución Nº 001, 2011, 14 de enero), se establece como responsable de generar las condiciones para el desarrollo de la micro, pequeña y mediana empresa, por su carácter multisectorial y capacidad de generar empleo; facilitando la base para el emprendimiento y generación de sociedades que nutrirán los servicios que posteriormente suplirán las necesidades del mercado.

Teniendo como soporte la legitimidad en el derecho y oportunidad de creación de nueva empresa, esta entidad gubernamental, abre puertas para que el emprendimiento pueda ser un factor determinante para que el mercado panameño, presente carta abierta a escenarios de competitividad y apertura, tan necesarios para que las compañías accedan a la posibilidad de generar espacios de tercerización.

El mercado panameño está compuesto por un nutrido número de empresas; inversionistas de los 5 continentes han arribado al Istmo, con el fin de emprender y aprovechar las facilidades que brinda la seguridad de una economía dolarizada, con sus respectivos beneficios fiscales y de banca comercial.

En un informe del MICI (Ministerio de Comercio e Industrias) del año 2018, según la Dirección de Empresas Multinacionales (SEM), encargada de gestionar y administrar el régimen de incentivos, que se ofrecen para aquellas empresas que instalen su Sede Regional Panamá, se señala que en la Dirección

General de Sedes de Empresas Multinacionales reporta un total de 147 empresas registradas bajo en Régimen SEM, de las cuales 83 ingresaron durante esta gestión de Gobierno. Cabe destacar que en 2016 rompimos récord con 25 nuevas empresas multinacionales con sede en Panamá y mantuvimos cifras positivas en 2017 con 20 nuevas empresas.

La presencia de este tipo de empresas en el mercado panameño mejora, de manera significativa, los componentes de la economía, fortaleciendo la generación de nuevas formas de empleo y permite la creación de diversos tipos de servicios.

Los segmentos que representan mayor movimiento en materia empresarial y de creación de propuestas terceras, se concentran en el área de las comunicaciones, tecnología, mercadeo, gestión financiera y administrativa, organizaciones especialistas en talento humano, seguridad, infraestructura, industrial, mantenimiento, limpieza, parte de la cadena valor, distribución, logística, entre otros.

Teniendo en cuenta, el informe anteriormente citado anterior, se desarrolla la siguiente tabla que identifica a las compañías más representativas del modelo Outsourcing en Panamá, el área de especialización en donde se desarrollan y los servicios o actividades que ejecutan:

Tabla 2. Empresas Outsourcing Mercado Panameño

ITEM	NOMBRE DE LA COMPAÑÍA	ÁREA DE ESPECIALIZACIÓN	SERVICIOS-ACTIVIDADES
1	Solutions Business & Solutions Consulting S.A.		Consultoria General, Banca, Negocios, Planeación Estratégica
2	Net Consulting	Consultoria y Tecnologia	Consultoria General, Banca
3	Exeltec Software S.A.		Tecnología de Informació Procesos BPO, Desarrollo de Software
4	Outsourcing Marketing Group	Mercadeo-Administrativo	Servicio al cliente OMG, BPO, Crédito, Televentas
5	Activame, activaciones y mercadeo	Mercadeo	BTL,Promotores, Eventos, Logistica Operativa, Azafatas, Planing
6	Panamá Outsourcing S.A.	Administrativo, Talento Humano	Selección de personal, planillas, Asesorias Jurídicas, Capacitación
7	Federal Security	Seguridad	Protección Carga, Personalidades, Vigilancia y Protección
8	Donval Security	Seguridad	Vigilancia Industrial, cComercial, Bancaria, Escoltas, Asesorias
9	Ambitek	Mantenimiento Industrial	Laboratorio, Asesoria Ambiental, Investigación y Desarrollo
10	Tácticas Panamá	Administrativo, Talento Humano, Limpieza, Plagas, Mirs	Suministro de personal, Limpieza Industrial, Manejo Integrado de Plagas, Mirs
11	Green Cleaning Services	Limpieza	Limpieza Industrial, Residencial, comercial, Desinfección y Sanitización
12	Eulen	Limpieza, Seguridad, Mantenimiento, Talento Humano	Limpieza Industrial, Residencial, comercial, Desinfección y Sanitización
13	Truckslogic	Logistica	Distribución, App
14	BP Logistics	Logistica	Almacenamiento,Tramites, Inventarios, Preparación, Empacado
15	J.Cain & Co.	Logistica	Centro de Distribución, Tecnologia, Web

Fuente: Leiva (2021)

El cuadro anterior representa una pequeña parte del número total de empresas Outsourcing que prestan su servicio en la República de Panamá. Su variedad ha permitido que las grandes compañías que operan dentro del territorio panameño resulten beneficiadas por la competencia, lo que se traduce en precios competitivos y calidad en la prestación de los diversos procesos que brindan.

Ventajas y desventajas de la implementación del modelo Outsourcing

Si bien la implementación del modelo Outsourcing ha tenido aceptación a nivel mundial, es importante identificar los aspectos positivos y negativos, dentro de un marco de comprensión que permita determinar las ventajas y desventajas de su aplicación, haciendo en los aportes que pueda generar, sin dejar de lado aquello en lo que cada organización debe concentrarse para evitar una acción equivocada o simplemente innecesaria.

Según, Romero (2003), una ventaja del Outsourcing es que convierte los costos fijos en el servicio en costos variables (reduce, controla el gasto de operación). Si bien una de las razones primordiales al momento de implementar un proceso tercerizado se encuentra relacionado con los procesos operativos, el aspecto económico funge como actor principal al momento de determinar cuál es la mejor opción a la que puede acceder la compañía que se encuentre interesada en una opción tercera.

Adicional a las bondades que pueden presentarse, tanto en la operatividad como en lo económico, el campo de acción del modelo Outsourcing alcanza temas de gran importancia, como el aspecto legal, donde pueden generarse escenarios negativos al tener puntos que favorecen su implementación, como aquellos que la imposibilitan o dificultan, dada la propia naturaleza del ejercicio tercero y los lineamientos jurídicos y legales del medio, sociedad o nación.

Arbeláez y Patiño (2010), tomando como base un estudio de caso en una empresa multinacional, identificaron algunos beneficios y perjuicios y/o desventajas de la implementación del modelo de outsourcing para este caso específico.

Entre los beneficios se cuentan el ahorro y el control de costos operativos, el aprovechamiento de las economías de escala del proveedor, la ausencia de inversiones en estructuras fijas, mayor flexibilidad de costos variables, el incremento del nivel de calidad del servicio, la optimización de la gestión empresarial por medio de la concentración de recursos en funciones propias del negocio, la liberación de recursos internos para otras funciones, el acceso a una infraestructura flexible y asesoramiento profesional especializado, actualizado y con la última tecnología, en forma permanente.

Así como tiene aspectos positivos, como en todo proceso, existen aspectos negativos que forman parte integral del mismo. Entre las desventajas se pueden mencionar las siguientes: la pérdida del control de la nueva unidad de negocio y la imagen negativa que generó el servicio tercerizado.

Por su parte, Bedoya (2018) afirma que El outsourcing tiene diferentes puntos favorables que permiten mejorar la administración de los costos, focalizarse en las actividades clave del negocio, optimizar los procesos, ampliar el conocimiento, especializarse, emplear mayor tecnología o incrementar la eficiencia, pero también implica una exposición a riesgos que se deben revisar y analizar con la finalidad de minimizar los impactos que tienen.

Entre los beneficios se cuentan Contratar con proveedores que ofrecen menores costos, reducir o eliminar costos fijos, concentrarse en las actividades clave y el contar con el conocimiento, experiencia y tecnología del proveedor.

Entre los riesgos destacan el convertir a un proveedor en competidor, la pérdida de conocimiento y habilidades, la dependencia del proveedor, el Incremento de los costos de puesta en marcha, el Incremento de los costos de seguimiento, la afectación del clima laboral y el incumplimiento con las expectativas de calidad y de tiempos de entrega.

En función de la discusión precedente, se pueden organizar las ventajas y desventajas, beneficios y riesgos, en función de ciertas áreas de influencia que son afectadas por la implantación del modelo outsourcing.

Así, algunas ventajas o beneficios son las siguientes:

De índole Operativo: Permite a la compañía, reajustar el enfoque operativo de la organización al lograr concentrar los esfuerzos de tal manera que se centra en el desarrollo de su verdadero "core business".

De índole financiero: Facilita la transformación de los costos fijos en costos variables que pueden manipularse según la necesidad existente. Aporta en la identificación de costos ocultos y permite la consolidación de varias cuentas de operaciones en una sola, ahorrando tiempo y reprocesos.

De índole administrativo: Aporta en la reorganización de los procesos administrativos orientando a la compañía a escenarios de mejora continua y eficiencia.

De índole legal: Logra la intervención de cláusulas de cumplimento a un sector de la empresa en donde no existía manera de mantener un respaldo jurídico y legal en efecto de una actividad o proceso.

De índole de calidad: Al entregar un proceso o área a una organización Outsourcing (la cual es especialista), se mejora el estándar de la operación, permitiendo la alineación de los procesos a normas que fortalezcan y brinden un salto en la calidad de los servicios.

De índole tecnológico: La relación que se genera al momento de contratar a una compañía tercera especialista en una determinada área, permite a la organización el acceso a nuevas tecnologías sin que se presente una inversión en equipos o capacitaciones previas, fortaleciendo la estructura organizacional.

De índole competitivo: En la búsqueda de un posicionamiento estratégico, las compañías que adquieran un servicio Outsourcing mantienen un grupo de sólidas oportunidades, enfocados directamente en los costos, tecnología, entre otros, siendo flexible la forma en cómo se adapta a las dinámicas de los mercados.

De enfoque al riesgo: Traspasar el riesgo de inversión en proyectos de gestión tecnológica, operacionales y demás, hacia una compañía experta, alivia la posibilidad de fallos en el intento por mejorar un área de la organización.

Las desventajas o riesgos, que dependen del sentido de responsabilidad en la búsqueda y selección del proveedor de servicios a contratar, pueden ser las siguientes:

De índole Operativo: Que no se cumpla con lo planteado en la distribución de las responsabilidades operativas, siendo una carga que terminará por desviar el enfoque real de la organización, a tal punto que genere una carga de descontento y descontrol.

De índole financiero: Al no seleccionar una organización con capacidad financiera, la compañía contratante podría ser responsable de los costos de la empresa tercera, generando desgaste y propiciando problemas a escala mayores.

De índole legal: Al contar con una empresa Outsourcing, que no se encuentre legalmente constituida o que se desvíe de sus funciones de prestación social, mantendrá una responsabilidad solidaria que podría afectar la imagen corporativa.

De índole de calidad: ¿Contratar para desmejorar una operación o proceso? La calidad se ve seriamente afectada a la hora de realizar un proceso de selección inadecuado.

De índole competitivo: Que, en lugar de generar valor y soporte a la ventaja ante sus competidores, la organización se vea inmersa en un proceso de estancamiento producto de la poca o nula competitividad de la empresa tercera.

De enfoque al riesgo. Pueden generarse los escenarios en los que, quizás, una inversión propia era necesaria para mejorar un proceso o una operación. Se hace necesario revisar la evaluación realizada para establecer si era necesario contratar una empresa externa o si, con los recursos propios, la organización podía escalar hasta el punto de llegar ser realmente competitiva.

Si bien el modelo Outsourcing está presente en cada uno de los mercados a nivel mundial, y puede representar una salida viable al fortalecimiento de la estructura organizacional, es determinante el análisis que esta estrategia de gestión empresarial puede brindar a las compañías que deciden implementarlo. Hallar los medios de control que faciliten las distintas formas de vigilancia en la implementación adecuada de la metodología de tercerización, se torna crucial al momento de contraer una relación contractual con el nuevo *socio* estratégico.

El Desarrollo Organizacional. Conceptos

Analizar la relación que la implementación del modelo Outsourcing mantiene con el Desarrollo Organizacional (DO) es fundamental para determinar la forma en cómo el primero impacta a la organización; es decir, para determinar el tipo de relación que se establece entre ambas variables.

Diversos autores proponen distintas definiciones de DO, similares pero enmarcadas dentro de sus propios puntos de vista. A continuación, se resaltan algunas de ellas.

Para Guzmán de la Garza, el DO es Implica el estudio de los procesos sociales que se dan dentro de una empresa con el objetivo de ayudar a sus miembros a identificar los obstáculos que bloquean su eficacia como grupo y a tomar medidas para hacer óptima la calidad de sus interrelaciones, para influir de manera positiva y significativa en el éxito de los objetivos de la empresa. Harris, por su parte, lo define como la tendencia al mejoramiento de las relaciones interpersonales como medio para impulsar a la empresa (Guízar, 2013).

Por otra parte, Bennis (1968), citado por Guízar (2013) y Gómez (2016), es una respuesta al cambio, una compleja estrategia educativa cuya finalidad es cambiar las creencias, actitudes, valores y estructura de las organizaciones, en tal forma que éstas puedan adaptarse mejor a nuevas tecnologías, mercados y retos, así como al ritmo vertiginoso del cambio mismo.

Para Beckhard (1969), citado por Guízar (2013) y Gómez (2016), es un esfuerzo planeado de toda la organización, manejado desde el nivel superior para aumentar la eficacia y la salud de la organización a través de las intervenciones planeadas en los procesos de la organización, por medio del conocimiento de las ciencias del comportamiento.

French y Bell (1978), citados por Guízar (2013) y Gómez (2016), lo definen como un esfuerzo a largo plazo para mejorar los procesos de solución de problemas y de renovación de una organización, particularmente a través de una administración más eficaz y la colaboración de la cultura organizacional, otorgándosele especial importancia a la cultura de equipos de trabajo formales, con la asistencia de un agente de cambio y el uso de la teoría y tecnología de una ciencia de comportamiento aplicada, incluida la investigación de acción.

Para Lippitt (1969), citado por Gómez (2016), implica el fortalecimiento de los procesos humanos en las organizaciones que mejoran el funcionamiento del sistema orgánico para lograr sus objetivos. Es el proceso de iniciar, crear y confrontar los cambios necesarios para hacer posible que las organizaciones sean o permanezcan viables, se adapten a nuevas condiciones, resuelvan sus problemas, aprendan de las experiencias y alcancen una mayor madurez organizacional.

Schmuck y Miles (1971), citados por Gómez (2016), lo definen, de manera corta pero concreta, como el esfuerzo planeado y sostenido para aplicar la ciencia del comportamiento para mejorar el sistema por medio de métodos reflexivos y de análisis personal.

Más recientemente, Porras y Robertson (1992), citados por Guízar (2013), definen el DO como una serie de teorías, valores, estrategias y técnicas basadas en las ciencias de la conducta y orientadas al cambio planificado del escenario de trabajo de una organización, con el propósito de incrementar el desarrollo individual y de mejorar el desempeño de la organización, mediante la alteración de las conductas de los miembros de la organización en el trabajo.

Así mismo, Burke (1994), citado por citados por Guízar (2013) y Gómez (2016), es un proceso de cambio planificado en la cultura de una organización, de una que evita el análisis de los procesos sociales (toma de decisiones, planeación y comunicación), a una que institucionaliza y brinda legitimidad al mismo, mediante la utilización de las tecnologías, las ciencias de la conducta, la investigación y la teoría.

Por último, Cummings y Worley (2007), citados por Gómez (2016), proponen que es un esfuerzo planificado de toda la organización, administrado desde la alta gerencia, para aumentar la eficacia y bienestar por medio de intervenciones planificadas en los elementos formales y procesos humanos, los cuales aplican los conocimientos de las ciencias del comportamiento.

Haciendo un esfuerzo de síntesis, podemos afirmar que el DO es una disciplina que se apoya en la importancia que tiene el personal para iniciar o acompañar el cambio planificado en una organización, de modo que ésta mantenga su competitividad en un ambiente de constante cambio y evolución, aumentando la eficiencia organizacional.

De forma tal que el DO, en sus principios teóricos, aporta un conjunto de ideas acerca del hombre, la organización y el ambiente; orientadas a propiciar el desarrollo y crecimiento de sus potencialidades representadas en competencias, habilidades y destrezas. Para (Sánchez, 2009),

Es un esfuerzo organizado y bien dirigido desde la alta gerencia, enfocado a conseguir el involucramiento de los subordinados con el fin de lograr el avance organizacional y así conseguir eficacia y eficiencia integral (Pinto, 2012).

Características y Componentes del DO. Si bien el DO no tiene una definición en la que todos los autores coincidan, se pueden desprender ciertas características comunes que se desprenden de la esencia del concepto.

Así, para Guízar, posee las siguientes características:

1. Es una estrategia educativa planeada;
2. El cambio está ligado a las exigencias que la organización desea satisfacer;
3. Se fundamenta en la conducta humana;
4. Los agentes de cambio o consultores por lo regular son externos, aunque una vez que se ha implantado el programa pueden ser personal de la organización;
5. Implica una relación cooperativa entre el agente de cambio y la organización;
6. Los agentes de cambio comparten un conjunto de metas normativas conjuntamente con la organización.

Por su parte, Cummings y Worley (2007), citados por Gómez (2016), resumen las características en las siguientes:

1. Es un cambio planificado;
2. El objetivo del cambio es la organización y el desarrollo individual;
3. Largo plazo,
4. Tiene que tener una dirección comprometida, que acompañe;
5. El cambio de la cultura como el sello del DO;
6. Utiliza principios científicos y prácticos de las ciencias de la conducta;
7. Modelo de participación y delegación de autoridad;
8. Utiliza una estrategia de cambio normativa – reeducativa.

El desarrollo organizacional considera la organización como un todo, no es posible concebir un cambio sin considerar cada una de sus partes, todas tienen una función estratégica, concebida desde la posición que ocupe: es la única forma de alcanzar con mayores posibilidades de efectividad los cambios requeridos. En este sentido, es fundamental para alcanzar los cambios que inspira el desarrollo organizacional considerar distintos *componentes* (Garbanzo, 2016):

1. *Visión holística de la organización*: Cada componente de la organización, desde esta visión del desarrollo organizacional posee un valor fundamental específico; cada parte asume un rol que, unido a otras partes, dan como resultado acciones globales que, en forma individual, no es posible concebir. Cuando una de sus partes no se armoniza, la organización ve limitado su desarrollo efectivo, debe darse una coordinación eficiente entre todas sus partes.

2. *Metodología sistémica*: Las personas, la estructura y los procesos propios de la organización actúan en forma sistémica, es decir, cada una de sus acciones inciden en todas sus partes, debido a la interconexión en la que actúan. El desarrollo organizacional toma en cuenta esta interacción, comprende que cada una de sus partes afecta los otros componentes y se manifiesta en la organización como un único componente, sin divisiones: es fundamental conocer a cabalidad cada una de sus partes y su funcionamiento.

3. *Designación de agentes de cambio*: En todo proceso de desarrollo organizacional existen personas que fungen como agentes de cambio y pueden ser más de un individuo. Quienes tienen a cargo la tarea de implementar los cambios necesarios para el desarrollo organizacional les corresponde convencer, estimular y coordinar y gestionar todos los recursos humanos y materiales que conduzcan al objetivo deseado. La selección del agente de cambio es rigurosa, debido a que debe reunir una serie de características personales y profesionales que le trasmitan credibilidad al grupo.

4. *Identificación real de los problemas*: Los procesos de desarrollo organizacional no solo analizan los problemas, sino que su propósito es hacerlo con un abordaje propositivo, identificando las posibles soluciones.

5. *Aprendizaje constructivista*: Una de los principios claves del desarrollo organizacional es el aprendizaje práctico. Se parte de que las enseñanzas se interiorizan en la medida que se analice y discuta su propia experiencia, es un enfoque constructivista; construyendo se aprende de una manera más efectiva que

comprender situaciones teóricas de manera abstracta. Significa que el desarrollo organizacional efectivo aprende de la propia experiencia.

6. *Procesos grupales*: El desarrollo grupal más que un proceso individual es colectivo; las organizaciones se conforman de un grupo de individuos, razón por la cual se trabaja hacia la comunidad organizacional más que en el plano individual, a su vez, se fortalece la responsabilidad y se construye mayor confianza entre sus integrantes.

7. *Retroalimentación*: Desaprovechar oportunidades de retroalimentación no es el sentido del desarrollo organizacional; al contrario, es fundamental ofrecer espacios para la retroalimentación, a fin de que las decisiones tengan mayor fundamento, a su vez son oportunidades de aprendizaje para sus integrantes que permiten asumir acciones autocorrectivas en forma pertinente que conduzcan a la organización, según la trayectoria marcada.

8. *Flexibilidad y contingencia*: Los procesos de la implementación del desarrollo organizacional, por su misma naturaleza, no son rígidos; se requiere de la flexibilidad, actuando desde el enfoque de la contingencia, es decir, asumiendo los cambios necesarios en el momento oportuno con un enfoque de sistema abierto.

9. Trabajo colaborativo: La efectividad del desarrollo organizacional radica en la capacidad de construir estructuras que puedan ser trabajadas en equipo, donde se manifieste la cooperación y la integración como maneras de superar las deficiencias detectadas.

Con base en los planteamientos mencionados, se evidencia que el objetivo fundamental del desarrollo organizacional es la aplicación de procedimientos basados en las ciencias del comportamiento para mejorar la eficacia y eficiencia de las organizaciones; es decir, que el comportamiento del individuo asume relevancia debido a las causas y consecuencias asociadas a su comportamiento ante las demandas que le requiere la organización para implementar los cambios (Garbanzo, 2016).

Así mismo, es posible afirmar que el DO tiene una *orientación sistémica*, en cuanto a que se requiere que una organización trabaje de manera armónica, puesto que sus partes están interrelacionadas. Además, posee *valores humanísticos*, los cuales son supuestos positivos de las personas en cuanto a su potencial y deseo de crecimiento. Se puede agregar que el DO se concentra en la *solución de problemas*, capacita a los participantes para identificar y solucionar problemas en lugar de solo analizarlos teóricamente. Por último, el DO depende en gran medida de la *retroalimentación* que reciban los participantes para ayudarles a sustentar sus decisiones (Guízar, 2013).

Para De la Sierra (1973), citado por Bolaños (2011), el DO entraña un cambio en la cultura de las Organizaciones –conjunto de valores aprendidos y compartidos sobre las pautas que regulan el comportamiento de sus integrantes–. Implica la sustitución de una cultura que evade el examen objetivo de los procesos sociales (sobre todo en las áreas de planeación, comunicación y toma de decisiones), por otra cultura más auténtica y dinámica, que se avoque sistemáticamente y con optimismo al análisis de estos procesos, sembrando así semillas del mejoramiento y de la autorrenovación.

Así, el DO comprende los siguientes elementos comunes en toda institución pública o privada (Bolaños, 2011):

1. Clima y Cultura Organizacional.
2. Diseño Organizacional.
3. Sistemas e Instrumentos operativos (Tecnologías de Información y Comunicación) o administrativos (Normas y Reglamentos).
4. Competencias del Capital Humano.
5. Control Estratégico del Nivel Gerencial.

Estrategias de implementación del DO. Antes de entrar a considerar las etapas del DO, es importante destacar la estrategia normativa que sigue cualquier plan de DO (Gómez, 2016).

La teoría del cambio planeado describe las diferentes fases por las cuales pasa este cuando se introduce en las organizaciones y explica el proceso temporal de aplicación de los métodos de DO para ayudar a los miembros de la organización a administrar el cambio. Existen varios modelos, de los cuales se expondrán los más utilizados (Guízar, 2013; Gómez, 2016).

El modelo de cambio de Kurt Lewin: El modelo de cambio de Kurt Lewin se define como una modificación de las fuerzas que mantienen el comportamiento de un sistema estable. Por ello, dicho comportamiento siempre es producto de dos tipos de fuerzas: las que ayudan a que se efectúe el cambio (fuerzas impulsoras) y las que impiden que el cambio se produzca (fuerzas restrictivas), que desean mantener el statu quo.

Cuando ambas fuerzas están equilibradas, los niveles actuales de comportamiento se mantienen y se logra, según Lewin, un *equilibrio cuasi estacionario*. Para modificar ese estado *cuasi estacionario* se pueden incrementar las fuerzas que propician el cambio o disminuir las que lo impiden, o combinar ambas tácticas. Lewin propone un plan de tres fases para llevar a cabo el cambio planeado:

1. *Descongelamiento*: esta fase implica reducir las fuerzas que mantienen a la organización en su actual nivel de comportamiento.
2. *Cambio o movimiento*: esta fase consiste en desplazarse hacia un nuevo estado o nuevo nivel dentro de la organización con respecto a patrones de comportamiento y hábitos, lo cual significa desarrollar nuevos valores, hábitos, conductas y actitudes.
3. *Recongelamiento*: en esta fase se estabiliza a la organización en un nuevo estado de equilibrio, en el cual con frecuencia necesita el apoyo de mecanismos como la cultura, las normas, las políticas y la estructura organizacionales.

Además, Lewin sostiene que estas tres fases se pueden lograr si:

1. Se determina el problema.
2. Se identifica su situación actual.
3. Se identifi ca la meta por alcanzar.
4. Se identifican las fuerzas positivas y negativas que inciden sobre él.
5. Se desarrolla una estrategia para lograr el cambio a partir de la situación actual dirigiéndolo hacia la meta.

Modelo de Ralph Kilmann: Una variante del modelo presentado anteriormente lo constituye la aportación de Ralph Kilmann, quien especifica los tópicos de ventaja clave que se deben tomar en consideración para que pueda presentarse un cambio, tal y como es deseable en las empresas.

Las fases que considera este autor son las siguientes:

1. Iniciar el programa

2. Diagnosticar el problema

3. Programar las rutas que se llevarán a cabo

    3.1 La cultural

3.2 La de conformación de equipos de trabajo

3.3 La de habilidades gerenciales

3.4 La indispensable correlación estrategia-estructura, ya que una se basa en la otra

3.5 La de sistema de recompensas que ayuda a que el personal permanezca en la organización

4. Evidenciar las rutas indicadas en la fase anterior

5. Evaluar los resultados obtenidos

Modelo Burke-Litwin: Una novedosa variante al modelo de Kurt Lewin es el acuñado por Burke-Litwin , llamado *Del desempeño individual y de la organización.*

Este modelo implica identificar las variables involucradas en la creación del *cambio de primer orden* o *cambio transaccional* y del *cambio de segundo orden* o *cambio transformacional.*

Se dice que el *cambio de primer orden* implica un cambio evolutivo y de adaptación, en el cual se cambian las características de la organización, aunque su naturaleza es la misma. Ejemplo de lo anterior sería cuando se lleva a cabo una reestructuración departamental, fusionando departamentos: se sigue produciendo el mismo artículo y no se modifica la naturaleza de la empresa.

El *cambio de segundo orden* implica un cambio revolucionario y alterna en forma significativa a la organización. Ejemplo: modificar la misión de la empresa, lo cual conlleva el cambio radical de la vocación con la que operaba dicha empresa.

De manera especial en el modelo de Burke-Litwin, se debe establecer una clara distinción entre el ambiente de la organización y su cultura. En el caso del *ambiente de la organización*, todas las personas que integran la organización emiten una evaluación sobre si el lugar de trabajo es adecuado o no, y si existe un clima de calidez o de desinterés respecto a los objetivos de la organización. Estas evaluaciones se conocen como *estudios de clima laboral.*

Modelo de planeación: El *modelo de planeación* trata de definir las etapas del cambio planeado. Fue desarrollado por Lippitt, Watson y Westley, y después modificado y perfeccionado.

Los dos principales conceptos de este modelo indican que toda la información debe ser compartida libremente entre la organización y el agente de cambio, y que esta información es útil solo si después puede convertirse en planes de acción.

Figura 9. Modelo de Planeación

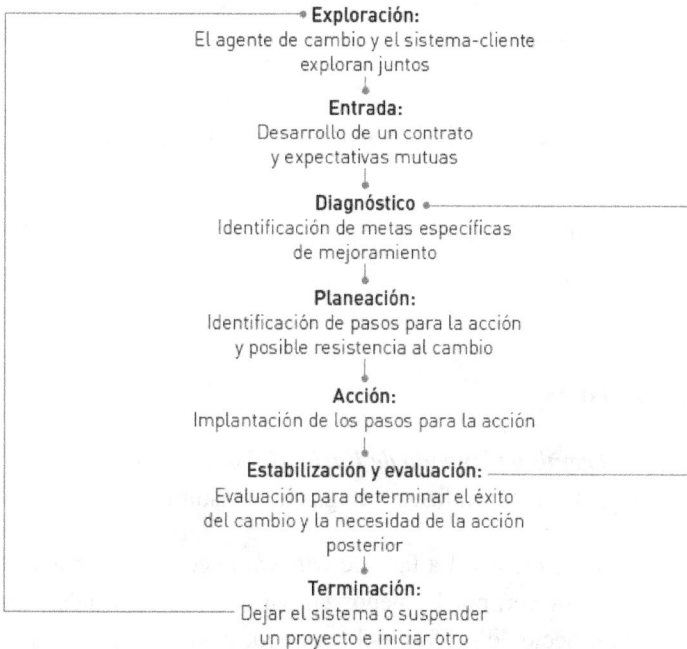

Exploración:
El agente de cambio y el sistema-cliente
exploran juntos

Entrada:
Desarrollo de un contrato
y expectativas mutuas

Diagnóstico
Identificación de metas específicas
de mejoramiento

Planeación:
Identificación de pasos para la acción
y posible resistencia al cambio

Acción:
Implantación de los pasos para la acción

Estabilización y evaluación:
Evaluación para determinar el éxito
del cambio y la necesidad de la acción
posterior

Terminación:
Dejar el sistema o suspender
un proyecto e iniciar otro

Fuente: Guízar (2013)

Modelo de investigación-acción: El modelo de investigación-acción es considerado como de amplia aplicabilidad; en él se estima el cambio planeado como un proceso cíclico que implica colaboración entre los miembros de la organización y los expertos en DO. Pone énfasis en la recopilación de datos y el diagnóstico antes de la acción, planeación e implantación, así como en una cuidadosa evaluación de los resultados después de realizar la acción, y así sucesivamente.

Figura 10. Modelo de Investigación Acción

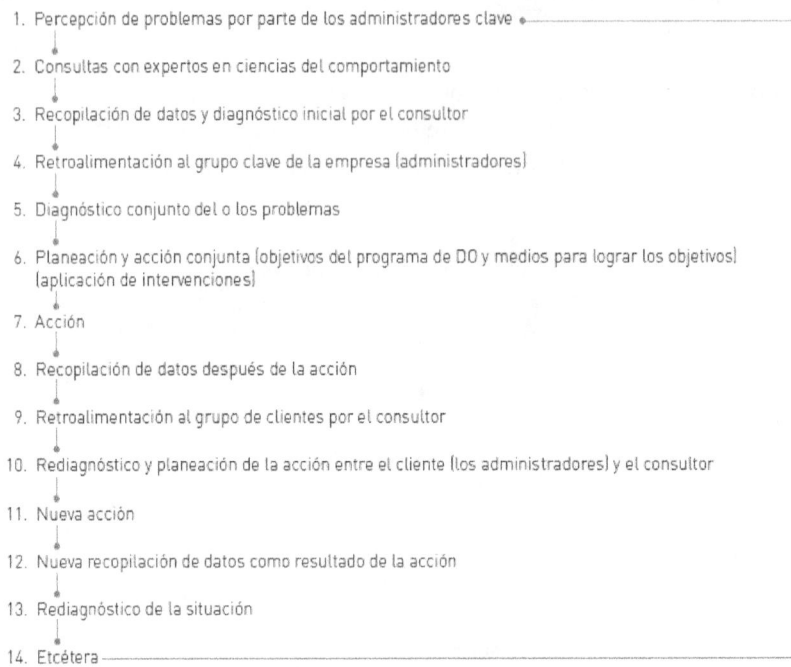

1. Percepción de problemas por parte de los administradores clave
2. Consultas con expertos en ciencias del comportamiento
3. Recopilación de datos y diagnóstico inicial por el consultor
4. Retroalimentación al grupo clave de la empresa (administradores)
5. Diagnóstico conjunto del o los problemas
6. Planeación y acción conjunta (objetivos del programa de DO y medios para lograr los objetivos) (aplicación de intervenciones)
7. Acción
8. Recopilación de datos después de la acción
9. Retroalimentación al grupo de clientes por el consultor
10. Rediagnóstico y planeación de la acción entre el cliente (los administradores) y el consultor
11. Nueva acción
12. Nueva recopilación de datos como resultado de la acción
13. Rediagnóstico de la situación
14. Etcétera

Fuente: Guízar (2013)

Modelo del cambio planeado de Faría Mello: Este modelo se divide, como en el caso de los anteriores, en fases o etapas de consultoría.

Este proceso es cíclico. La fase de *entrada* puede considerarse como algo que comienza a acontecer, por lo menos en parte, antes del establecimiento del *contrato*. Es una especie de subfase del *contacto*. Algunos autores la consideran como la fase entre el primer contacto y el contrato inicial. Contacto, contrato y entrada se funden en una gran fase inicial de multicontactos, precontratos y subcontratos, con diferentes grados de profundidad o como extensión de la entrada.

Ahora bien, ¿qué es realmente el contacto? Se puede decir que se trata de una "exploración" entre consultor y cliente, lo cual permite iniciar un conocimiento mutuo y un examen preliminar de la situación por parte del consultor.

Figura 11. Modelo de Faría Mello

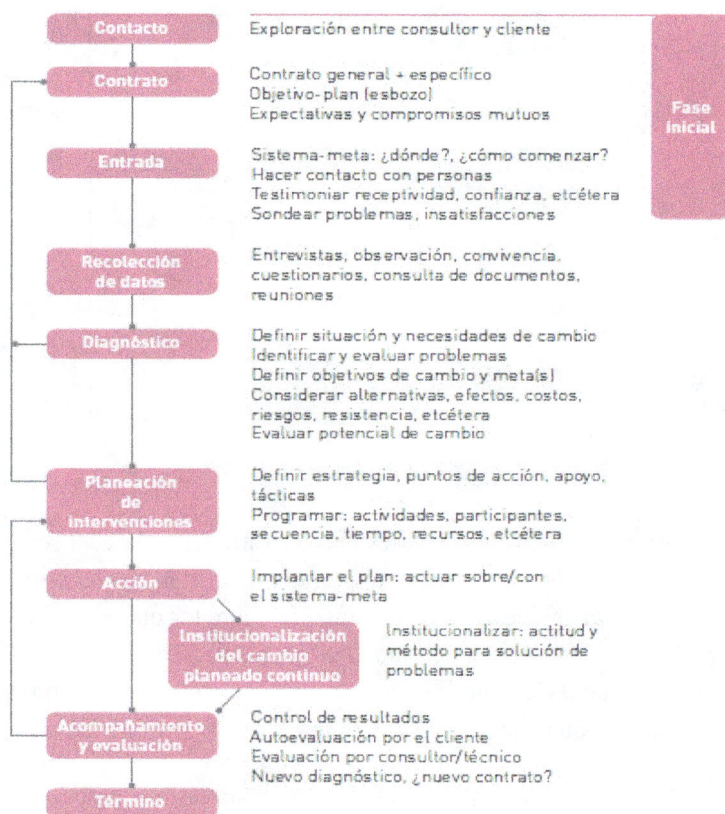

Contacto	Exploración entre consultor y cliente
Contrato	Contrato general + específico Objetivo-plan (esbozo) Expectativas y compromisos mutuos
Entrada	Sistema-meta: ¿dónde?, ¿cómo comenzar? Hacer contacto con personas Testimoniar receptividad, confianza, etcétera Sondear problemas, insatisfacciones
Recolección de datos	Entrevistas, observación, convivencia, cuestionarios, consulta de documentos, reuniones
Diagnóstico	Definir situación y necesidades de cambio Identificar y evaluar problemas Definir objetivos de cambio y meta(s) Considerar alternativas, efectos, costos, riesgos, resistencia, etcétera Evaluar potencial de cambio
Planeación de intervenciones	Definir estrategia, puntos de acción, apoyo, tácticas Programar: actividades, participantes, secuencia, tiempo, recursos, etcétera
Acción	Implantar el plan: actuar sobre/con el sistema-meta
Institucionalización del cambio planeado continuo	Institucionalizar: actitud y método para solución de problemas
Acompañamiento y evaluación	Control de resultados Autoevaluación por el cliente Evaluación por consultor/técnico Nuevo diagnóstico, ¿nuevo contrato?
Término	

Fuente: Guízar (2013)

Etapas del DO. Para aplicar correctamente el DO, se deben llevar a cabo una serie de etapas, en forma consiente y completa, de forma que se entienda el verdadero problema de la organización y se aplique un solución concreta y alcanzable. Las etapas que se deben llevar a cabo, según Cummings & Worley (2007), citados por Gómez (2016), son 4:

Figura 12. Etapas del Outsourcing de Cummings & Worley

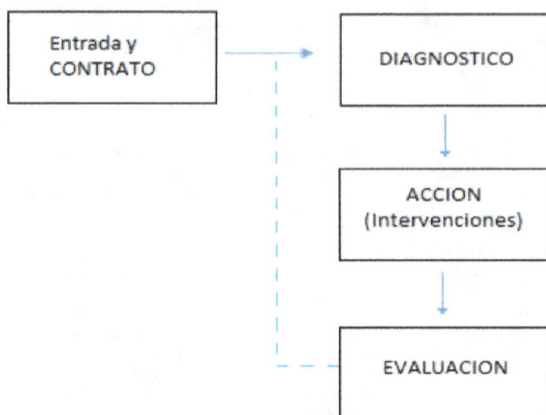

Fuente: Gómez (2016)

Entrada y Contratación. Esta es la etapa inicial, en la cual se establecen los parámetros de las etapas del cambio planificado. En la *entrada*, se clarifican los asuntos organizacionales de interés, aquellos sobre los que se hará hincapié, y en los que se detectó alguna necesidad o problema. También se definen las amenazas y oportunidades que afectan a la organización, es decir, un panorama general de la situación actual de la compañía.

En el *contrato*, se especifican las expectativas de ambas partes, del facilitador y del cliente, y también se establecen los tiempos que requerirá terminar con el proceso, los recursos necesarios para llevarlo a cabo y delimitar las reglas básicas de trabajo. Se define si se continuará con el proceso y se destinaran los recursos necesarios para llevarlo a cabo.

Diagnóstico. Es la segunda etapa, y debe estar bien realizada porque es la que indicará a la organización las actividades apropiadas de intervención que se aplicaran en la siguiente etapa. El diagnóstico es el proceso de conocer el funcionamiento actual de un sistema. Consiste en conseguir la información sobre las operaciones actuales que realiza la empresa y al analizarlas sacar una conclusión sobre el cambio deseado para mejorar.

Para obtener un buen diagnóstico de la organización, es necesario la utilización de modelos, esto brinda una evaluación general del área, junto con el contexto, y simplifica su entendimiento. Hay muchos posibles modelos, la mayoría utilizan fuentes de información que explican la estructura, cultura, motivación, capacidades que tiene la empresa y sus empleados.

Intervenciones. La intervención del desarrollo organizacional es una secuencia de actividades, acciones y procesos que se proponen ayudar a la empresa a mejorar su desempeño y eficiencia,

Una buena intervención, depende de haber realizado un correcto diagnóstico, de forma de que se cuente con la información precisa y relevante para realizar el cambio planificado.

Existen varios tipos de intervenciones; la decisión de utilizar alguna de ellas dependerá del diagnóstico de cada organización en particular.

De esta manera, existen *intervenciones en el proceso humano*, que se centran en los empleados y en los procesos, para aumentar su eficiencia. Incluye: coaching, capacitación y desarrollo, consultoría de procesos e intervención de un tercero,

También hay *intervenciones tecnoestructurales*, se refiere tanto al diseño de puestos y métodos de trabajo, como a la organización de los departamentos (división del trabajo). Específicamente son: diseño estructural, reingeniería y reestructuración.

Además, se cuenta con *intervenciones en la administración de recursos humanos*, se concentra en el personal de la empresa, ya que propone que, una buena administración de los recursos humanos conlleva a un aumento en la eficiencia organizacional. Dentro de estas se cuentan las siguientes: *establecimiento de metas*, *evaluación del desempeño* y sistemas de recompensas.

Por último están las *intervenciones estratégicas*, que son las realizadas en forma macro y abarca cambios en toda la organización. Ayudan a que la se adapte al entorno cambiante mediante modificaciones de su estructura interna. Comprenden las siguientes: cambio estratégico, fusiones y adquisiciones, alianzas y redes.

Evaluación e Institucionalización del Cambio. Es la última etapa del proceso, sirve para dar una retroalimentación del desarrollo organizacional en cuanto a si se está realizando conforme a lo planeado y si está dando los resultados deseados. Luego, si la retroalimentación es positiva y consideran que se está conforme con el proceso, se procede a la institucionalización del DO, y éste pasa a ser parte del funcionamiento de la organización.

Factores o Actividades que Facilitan el Cambio. Cummings y Worley (2007), citados por Gómez (2016), indican que existen una serie de factores o actividades que ayudan y apoyan el cambio; generalmente suelen tener un orden para realizarlas, pero éste no es determinante. Todas ellas requieren un apoyo decisivo de la dirección, que será la encargada de encabezar el cambio y llevarlo a los niveles inferiores.

El primero, considerado el más importante, es la *motivación del cambio*, y se encarga de predisponer al personal para la transformación y preparar el ambiente. Para lograr que las personas acepten este proceso, se debe crear un deseo; esto se logra con objetivos desafiantes, que expresen cuál va a ser el beneficio para que participen. Esto también ayuda a superar la resistencia natural al cambio que tienen, debido a que tienden a mantener el funcionamiento como está por una situación de comodidad.

El segundo es crear una *visión*; es importante que esto comience por la dirección. Le da sentido al cambio (una ideología) y además otorga una perspectiva del futuro que se busca alcanzar, de modo que se entienda la forma de llevarlo a cabo y por qué es necesario cambiar. La tercera actividad es la de obtener *apoyo político*. El agente de cambio debe buscar el apoyo de los individuos y/o grupos poderosos que influyen en la empresa, que serán quienes impulsen o frenen el cambio. Deberá identificar a los interesados en el cambio más importantes e influir en ellos para que den su apoyo al proceso.

La siguiente actividad es la de *administrar la transición*. Esta actividad es de tipo más operativa, y consiste en planear las actividades a realizar para lograr el cambio, además de identificar cuál será el compromiso del personal. Otro punto a tener en cuenta en este paso es la administración de las estructuras para hacer posible el DO.

La quinta y última actividad es la de *sostener el impulso inicial*. Esto requiere proporcionar los recursos para llevar a cabo el proceso; se adquieren competencias y habilidades necesarias y por último se refuerzan las conductas que se consideren adecuadas.

Si bien estas actividades son sugeridas para afrontar el cambio, no es necesario aplicarlas todas ni seguir ese orden.

Para efectos de esta investigación, se analizan los siguientes factores que servirán como soporte para identificar la forma en la que la implementación del modelo outsourcing, influye directamente en el desarrollo organizacional.

La eficiencia: La eficiencia se entiende como la manera de operar de modo que los recursos sean utilizados de forma más adecuada (Da Silva, 2002).

El control: Es el proceso de regular actividades que aseguren que se estan cumpliendo como fueron planificadas y corrigiendo cualquier desviación significativa (Robbins & Judge, 2009).

La toma de decisión: Es el proceso de análisis y elección entre alternativas disponibles de cursos de acción que la persona deberá elegir (Chiavenato, 2002).

El mejoramiento continuo: El mejoramiento continuo es una consecuencia de una forma ordenada de administrar y mejorar los procesos identificando causas o restricciones (Gutiérrez, 2010).

Los costos: Se define como las erogaciones y causas que son efectuadas en el áera de producción, necesarios para fabricar un artículo o prestar un servicio, cumpliendo asi con el desarrollo del objeto social propuesto por la empresa y debe generar un beneficio económico futuro (Polo, 2015).

La diferenciación: La diferenciación, según Porter (1990), consiste en ofertar en el mercado un producto o servicio similar al de otra empresa pero que tiene ciertas características que hacen que el cliente lo perciba como único y, por ello, esté dispuesto a pagar un precio superior. Una empresa que busca ser única en su sector, junto con algunas dimensiones que son ampliamente valoradas por los compradores, surge de crear, de manera inigualable, el valor en el comprador de un bien o servicio.

Las ventas: Según Foster (1994), la venta podría definirse como cualquier esfuerzo o proceso cuyo objetivo primordial es otorgar un producto o servicio a cambio de papel moneda.

En función de los factores anteriormente descritos, se pudo analizar la manera en que la implementación del modelo outsorucng se relaciona con el desarrollo organizacional en las empresas de la Ciudad de Panamá.

Definición conceptual y operacional de las variables

Identificadas las variables objeto de estudio, es importante definirlas conceptual y operacionalmente para aclarar, de manera precisa, la concepción que asumirá el estudio y la manera cómo medirlas.

Variables.

Definición conceptual Implementación Outsourcing: El Outsourcing supone una relación entre empresa y proveedor, busca el máximo de cohesión y confianza que permita generar un valor agregado, a través de una planificación de trabajo en conjunto y una comunicación oportuna (Rothery & Robertson, 1996).

Definición Operacional Implementación Outsourcing: Estrategia empresarial de fuente externa que apoya, cubre o reemplaza el desarrollo de un proceso interno.

Definición conceptual Desarrollo Organizacional: Es un complejo proceso de cambios planeados, basados en sistemas socio-técnicos abiertos, tendiente a aumentar la eficacia y la salud de la organización, para asegurar el crecimiento de la empresa y sus empleados (Faria de Melo, 1983).

Definición Operacional Desarrollo Organizacional: Aspectos, indicadores, herramientas, habilidades, técnicas que permite a la organización ser más eficiente y efectiva.

Tipos de variable

Independiente: Se denomina variable independiente a todo aquel aspecto, hecho, situación, rasgo, etcétera, que se considera como *la causa de* en una relación entre variables (Rojas, 2013). Para el desarrollo de esta investigación, la variable independiente es *implementación del modelo outsourcing*.

Dependiente: Se conoce como variable dependiente al *resultado* o *efecto* producido por la acción de la variable independiente (Rojas, 2013). La variable dependiente en esta investigación es el desarrollo organizacional.

Hipótesis

Una hipótesis es una suposición respecto de algunos elementos empíricos y otros conceptuales, y sus relaciones mutuas, que surge más allá de los hechos y las experiencias conocidas, con el propósito de llegar a una mayor comprensión de estos (Arias, 2012). Son explicaciones tentativas de un fenómeno investigado, formuladas a manera de proposiciones.

Para Muñoz (1998), una hipótesis es la explicación anticipada y provisional de alguna suposición que se trate de comprobar o desaprobar, a través de los antecedentes que se recopilan sobre el problema de investigación previamente planteado. A su vez Sabino (2014) define la hipótesis como un intento de explicación o una respuesta provisional a un fenómeno.

Mediante las hipótesis el investigador anticipa cuáles son los elementos constitutivos del fenómeno bajo estudio, lo que contribuye a describir sus atributos o variables a partir de los valores y cualidades que los mismos poseen (Yuni y Urbano, 2014).

Las siguientes son algunas de las funciones que, según Arias (2012), cumplen las hipótesis en una investigación: se precisan los problemas objeto de la investigación y se identifican o explicitan las variables objeto de análisis del estudio también definen y unifican criterios, métodos, técnicas y procedimientos utilizados en la investigación, con la finalidad de darles uniformidad y constancia en la validación de la información obtenida. Analizando las funciones que cumplen las hipótesis en una investigación, no hay duda acerca del papel importante que éstas desempeñan en un estudio y en el campo científico en general.

La importancia de la hipótesis en una investigación proviene del nexo entre la teoría y la realidad empírica, entre el sistema formalizado y la investigación y que, en tal sentido, la hipótesis sirve para orientar y delimitar una investigación, dándole una dirección definitiva a la búsqueda de la solución de un problema (Moreno, 2013).

Según Hernández et al (2014), existen, fundamentalmente, tres tipos de hipótesis. La hipótesis de investigación, que se definen como proposiciones tentativas acerca de las posibles relaciones entre dos o más variables (Hi); la hipótesis nula, que es, en cierto modo, el reverso de las hipótesis de investigación. También constituyen proposiciones acerca de la relación entre variables, sólo que sirven para refutar o negar lo que afirma la hipótesis de investigación (Ho); y, por último, la hipótesis alternativa, que son posibilidades alternas de las hipótesis de investigación y nula y ofrecen una descripción o explicación distinta de éstas (Ha). La hipótesis alternativa sólo puede formularse cuando efectivamente hay otras posibilidades, además de las hipótesis de investigación y nula. De lo contrario, no deben establecerse.

Para esta investigación se diseñaron dos hipótesis; una hipótesis de investigación o de trabajo, que se representa como **HI**, y una hipótesis nula, representada como **H0**.

HI: Existe relación entre la implementación del modelo outsourcing y el desarrollo organizacional de las empresas de la Ciudad de Panamá

H0: No Existe relación entre la implementación del modelo outsourcing y el desarrollo organizacional de las empresas de la Ciudad de Panamá

Tabla 3. Cuadro de operacionalización de variables

CUADRO DE OPERACIONALIZACIÓN DE LAS VARIABLES					
Objetivo General: Analizar la implementación del modelo empresarial outsourcing y su relación en el desarrollo organizacional de las empresas de la ciudad de Panamá					
OBJETIVOS ESPECÍFICOS	VARIABLES	DIMENSIÓN	INDICADORES	ITEMS	INSTRUMENTO DE RECOLECCIÓN DE LA INFORMACIÓN
1- Describir los tipos de procesos del modelo Outsourcing en las empresas de La Ciudad de Panamá, Panamá	Implementación del modelo Outsourcing	Tipos de Procesos	Legal Tecnológico Logístico Financiero Administrativo	1 y 2	Cuestionario estructurado.
2- Analizar los factores del desarrollo organizacional en las empresas de La Ciudad de Panamá, Panamá		Factores de desarrollo organizacional	La eficiencia El control La toma de decisión Mejoramiento continuo Ventaja competitiva Los costos La diferenciación Las ventas	Del 3 al 10	Cuestionario estructurado.
3- Determinar la relación de la aplicación del modelo outsourcing en el desarrollo organizacional de las empresas de La Ciudad de Panamá, Panamá		Relación de la aplicación del modelo en el desarrollo organizacional	Se realizará Correlación de Spearman y prueba de hipótesis con Análisis de Regresión Múltiple		
4- Diseñar estrategias que facilite la implementación del modelo empresarial Outsourcing en las empresas de Ciudad de Panamá		Objetivo de Diseño			

Capítulo III: El Marco Metodológico

CAPÍTULO III.

Marco Metodológico

En el presente capítulo se describen las herramientas técnico–metodológicas que facilitaron el abordaje del objeto de estudio. Contiene, en primer término, el enfoque y el método de la investigación, así como también su tipo y diseño, la población y muestra, además de las técnicas y los instrumentos de recolección de datos, su validez y confiabilidad y las técnicas de análisis que permitirán procesar la información obtenida sobre las variables y dar respuesta a las interrogantes planteadas. Culmina con el procedimiento a realizar en todo el proceso de investigación.

Enfoque Paradigmático y Método de Investigación

La presente investigación se enmarca dentro del enfoque *empírico-analítico*, caracterizado por una aproximación sensorial y orientación concreta-objetiva al objeto de estudio, que se expresa en un lenguaje numérico-aritmético, cuantitativo, por una vía inductiva y por unas referencias de validación situadas en la realidad objetiva, características estas definitorias del *paradigma de investigación positivista* (Padrón, 2011; Hernández, et al, 2014). "El positivismo es una epistemología híbrida que combina el racionalismo con el empirismo y la lógica deductiva con la lógica inductiva, también ha sido denominado hipotético-deductivo, cuantitativo, empírico-analítico y racionalista" (Pérez, 2015, p. 30).

Un paradigma engloba un sistema de creencias sobre la realidad, la visión del mundo, el lugar que el individuo ocupa en él y las diversas relaciones que esa postura permitiría con lo que se considera existente (Flores, 2004). Hoy día, el término *Paradigma* "se usa comúnmente hoy en día para designar una postura, una opción o un modo sistemático de investigar, opción que se expresa en típicas vías técnico-instrumentales y que responde a un fondo filosófico o manera de ver el mundo, el conocimiento humano y sus procesos de producción" (Padrón, 2011, p. 4).

En este sentido, de acuerdo con su naturaleza, esta investigación se enmarca dentro del *paradigma positivista cuantitativo*. Este modelo está basado en la medición numérica y el análisis estadístico de hechos observables y sus relaciones, aplicando el método científico heredado de las ciencias exactas –

inductivo–, pues el origen del conocimiento está en la experiencia del investigador (observación neutral de la realidad) y su esencia última en el objeto de estudio – lo cual representa su fundamento y validez– para establecer patrones de comportamiento y probar teorías previamente formuladas en las hipótesis. En este paradigma el saber científico se caracteriza por ser racional, objetivo, se basa en lo observable, en lo manipulable y verificable empíricamente (Cuenya y Ruetti, 2010).

Según Hernández, et al (2014) en la aproximación cuantitativa los planteamientos que se van a investigar son específicos y delimitados desde el inicio. Además, las hipótesis se establecen antes de recolectar y analizar los datos. La recolección y análisis de los datos son realizados con procedimientos estadísticos, y se fundamenta en la medición y el estudio de las relaciones causales. Así mismo, la investigación cuantitativa debe ser lo más "objetiva" posible, evitando los valores, principios, ideología y sentimientos propios del investigador; es decir, los aspectos subjetivos que pueden afectar el abordaje y posterior análisis de la realidad objeto de estudio de manera objetiva y empírica. Los estudios cuantitativos siguen un patrón predecible y estructurado (el proceso) que pretende generalizar los resultados encontrados en un grupo (muestra) a una colectividad mayor (población). La meta es la formulación y la demostración de teorías, utilizando la lógica o razonamiento deductivo.

Este tipo de investigaciones toman como premisa que sus hallazgos gozan de carácter científico, gracias al predominio de la objetividad (Vieytes, 2004). De manera que esta investigación se sustenta en datos y observaciones sistemáticas y rigurosas, que se obtuvieron a través de instrumentos de recolección de información y su contraste con las teorías existentes. El análisis y procesamiento de la información se hizo a través de herramientas estadísticas, así como también la validaron los instrumentos de recolección de información, el cálculo del tamaño de la muestra y la determinación de las correlaciones entre variables, lo que permitió interpretar el fenómeno y alcanzar el objetivo de la investigación.

(Es necesario precisar que el paradigma positivista presenta ciertas características): su interés es explicar, controlar y predecir; la naturaleza de la realidad la describe como dada, singular, tangible, fragmentable y convergente; la relación sujeto/objeto la manifiesta como independiente, neutral y libre de valores; su objetivo fundamental es la generalización mediante metodologías deductivas, cuantitativas, centrada sobre semejanzas; la última explicación está orientada a la causalidad, causas reales temporalmente precedentes y simultáneas;

finalmente está libre de valores que pudieran contaminar los resultados (Pérez, 2015, p. 31).

El procedimiento analítico que utilizado fue de tipo deductivo, que, de acuerdo con Méndez, (2006), constituye una forma de racionalismo o argumentación. Implica un análisis sistemático, coherente y lógico de la situación objeto de estudio, tomando como referencias premisas verdaderas. El propósito es llegar a conclusiones que estén en relación con sus premisas, como el todo lo está con las partes; es decir, partiendo de verdades generales, construir verdades particulares.

Por consiguiente, la deducción permite ir de la observación de situaciones generales a las particulares que rodean la problemática objeto de estudio y concluir con la elaboración de premisas, que sirven de bases teóricas para brindar una explicación sustentada a fenómenos similares y diseñar una propuesta de solución al problema planteado.

Tipo de Investigación

El tipo de investigación se refiere a la clase de estudio que se va a realizar, con la intención de orientar sobre su finalidad general y la manera de recoger los datos necesarios (Palella y Martins, 2010). Los tipos de investigación pueden ser clasificados en estudios exploratorios, descriptivos, correlacionales, comparativos, explicativos, proyectivos y evaluativos (Hernández, et al, 2014). Esta clasificación es muy importante, pues del tipo de estudio depende del objetivo de la investigación. Al respecto, Hurtado (2005) señala que el nivel de los objetivos expresa la profundidad del estudio.

El presente esfuerzo puede ubicarse dentro de las categorías de investigación descriptiva, correlacional y proyectiva.

Es descriptiva ya que tiene como propósito delinear, puntualizar, figurar detallar situaciones y eventos; es decir, determinar cómo es y cómo se manifiesta un fenómeno. Las investigaciones descriptivas buscan especificar las propiedades importantes de personas, grupos, comunidades y cualquier otro evento que sea sometido a análisis, seleccionando una serie de herramientas para medirlos de manera independiente y describir lo que se investiga (Hernández et al, 2014). El presente estudio pretende visualizar y definir qué se va a medir a través de las variables y sobre qué o sobre quienes se van a realizar la obtención de la información o datos; por ende, se determina como descriptiva.

Es también correlacional, pues se analiza la implementación del modelo outsourcing y su relación en el desarrollo organizacional, variables objeto de estudio de la presente investigación. La investigación correlacional tiene como propósito mostrar o examinar la relación o asociación entre variables o resultados de variables mediante un patrón predecible para un grupo o población. Su finalidad es conocer la relación o grado de existe entre conceptos, categorías y variables (Hernández et al, 2014). Uno de los aspectos más importante respecto a la investigación correlacional es que examina relaciones entre variables o sus resultados, pero en ningún momento explica que una sea la causa de la otra. En otras palabras, la correlación examina asociaciones, pero no relaciones causales, donde un cambio en un factor influye directamente en un cambio en otro (Salkind, 1998).

Además, es de tipo proyectiva ya que el fin último es diseñar estrategias de implementación del modelo outsourcing basadas en los resultados arrojados por el estudio; a su vez, se puede estimar el comportamiento futuro del proceso de tercerización frente a escenarios del contexto y condicionar la predicción de las variables que alienten su implementación y desarrollo.

La investigación proyectiva tiene como propósito anticipar situaciones futuras. Se basa en investigaciones de niveles anteriores, por lo que requiere exploración, descripción, comparación, análisis y explicación. La predicción puede estar orientada hacia la estimación de los valores que asumirá un evento en el futuro, dadas ciertas condiciones de los eventos predictores. También consiste en la elaboración de una propuesta, un plan, un programa o un modelo, como solución a un problema o necesidad de tipo práctico, ya sea de un grupo social, de una institución o de una región geográfica, en un área particular del conocimiento, a partir de un diagnóstico preciso de las necesidades del momento, los procesos explicativos o generadores involucrados y de las tendencias futuras; es decir, con base en los resultados de un proceso investigativo (Hurtado, 2000).

Diseño de la Investigación

El diseño es el plan o estrategia que se desarrolla para obtener la información que se requiere en una investigación (Hernández et al, 2014). Es el plan global que integra, de un modo coherente y adecuadamente correcto, técnicas de recogidas de datos a utilizar, análisis previstos y objetivos (Balestrini, 2012).

Sierra (2008) lo define como la concepción o la forma de realizar la prueba que supone toda investigación científica y social, tanto en el aspecto de la disposición y enlace de los elementos, como el plan a seguir.

En función de lo anteriormente señalado, la presente investigación es no experimental, transeccional y de campo.

Según Hernández et al (2014), "la investigación de tipo no experimental se realiza sin manipular deliberadamente las variables, los fenómenos se observan tal y como se dan en su contexto natural, para posteriormente analizarlos" (p.84). Palella y Martins (2006) especifican que en "la investigación no experimental no se construye una situación específica, sino que se observa la que existe, prestando atención a los hechos y la forma cómo se presentan en su contexto real para luego analizarlos" (p.96).

Así mismo, es una investigación transaccional (o transversal), definida por Hernández et al (2014) como aquella que obtiene los datos para observar el fenómeno en una sola oportunidad y sin hacer seguimiento a la evolución del mismo en el tiempo. Se relaciona con la dimensión temporal o el número de momentos o puntos en el tiempo, en los cuales se recolectan datos. Es decir, que este diseño de investigación recoge sus cifras en un tiempo específico, pudiendo obtener los resultados en un momento único de aparición, otorgándole a cada uno características distintivas dentro del estudio.

Con respecto al diseño de campo, Sabino (2006) afirma que en este tipo de diseño los datos de interés se recogen directamente de la realidad, mediante el trabajo concreto del investigador y su equipo. Estos datos, obtenidos directamente de la experiencia empírica son llamados primarios, denominación que alude al hecho de que son datos de primera mano, originales, producto de la investigación en curso, sin intermediación de una naturaleza.

La investigación de campo permite observar y recolectar datos directamente de la realidad donde ocurren los hechos, sin manipular o controlar la variable (Hernández et al, 2014; Pallela y Martins, 2010). De manera que el presente estudio posee un diseño de campo, pues los datos relacionados, se obtendrán directamente de su fuente primaria; es decir, de los gerentes de empresas que han aplicado el modelo de outsourcing en la ciudad de Panamá.

La Población y Muestra de la Investigación

La Población

La población es el conjunto de todos los elementos a los cuales se refiere el objeto de estudio de la investigación (Fracica, 1988). Para Tamayo y Tamayo (2006), "una población está determinada por sus características definitorias, por tanto, el conjunto de elementos que posean esta característica se denomina población o universo" (p.93); es, entonces, la totalidad del fenómeno a estudiar, en donde las unidades de observación poseen una característica común.

López y Fachelli (2015) entienden como población al conjunto total de elementos que constituyen el ámbito de interés analítico y sobre el que queremos inferir las conclusiones de nuestro análisis, las conclusiones son de naturaliza estadística y también sustantiva y teórica. En particular se habla de población marco o universo finito al conjunto preciso de unidades del que se extrae la muestra.

Para Arias (2012), la población se refiere al conjunto para el cual serán válidas las conclusiones que se obtengan sobre los elementos o unidades (personas, instituciones o cosas) a las cuales se refiere la investigación.

Según Chávez (1994), la población es el universo sobre el cual se pretende generalizar los resultados y está constituido por las características o estratos que permiten distinguir los sujetos unos de otros.

Por su parte, Hernández et al (2014), afirma que la población es el conjunto de todos los casos que concuerdan con una serie de especificaciones o características comunes.

Dado los conceptos anteriormente referidos, se puede inferir que la población está referida a la selección de los sujetos que serán medidos en función de la unidad de análisis, lo que depende a su vez del planteamiento inicial de la investigación y los objetivos de la misma. De manera que, y de acuerdo con el propósito de esta investigación, la población o las unidades de análisis, según Hernández et al (2014), son las personas, organizaciones, etc., quienes serán medidos y comprende 1600 empresas afiliadas a la Cámara de Comercio de Panamá. De las 1600 empresas, se seleccionaron como población 78 organizaciones que implementan el modelo Outsourcing dentro de los sectores industrial y comercial.

La Muestra

Según Hernández et al (2014) y López y Fachelli (2015), la muestra se define como un subconjunto de la población con la que se está trabajando. Es, en esencia, un subconjunto de elementos que pertenecen a ese conjunto definido en sus características llamado población, seleccionadas de forma aleatoria, y que somete a observación científica con el objetivo de obtener resultados para el universo total investigado. Tamayo (2012) definen la muestra como la porción que descansa en el principio de que las partes representan al todo, y por tal refleja las características que definen a la población de la cual fue extraída, indicando su representatividad. Es la parte de la población que se selecciona, de la cual realmente se obtiene la información para el desarrollo del estudio y sobre la cual se efectuará la medición y la observación de las variables objeto de estudio. En concreto, son el conjunto total de elementos que constituyen el ámbito de interés analítico y sobre el que queremos inferir las conclusiones de nuestro análisis.

En la investigación científica, el tamaño de la muestra se calcula siguiendo criterios estadísticos; por ello es necesario conocer algunas técnicas o métodos de muestreo. El método de muestreo utilizado para estimar el tamaño de una muestra depende del tipo de investigación que se desea realizar y, por lo tanto, de las hipótesis y del diseño de investigación que se hayan definido para desarrollar el estudio.

Para efectos de la recolección de la información, de la población de empresas que mantienen implementado el proceso tercerizado (78 compañías) se obtuvo una muestra de 48 organizaciones. De las 48 empresas seleccionadas se tomó 1 gerente en representación de cada organización, siendo éste el responsable de responder el cuestionario. Por lo tanto, la muestra son 48 gerentes de estas empresas seleccionadas.

Existen varias clasificaciones para los métodos de muestreo. Para Weiers, (1986) las más usadas son los diseños probabilísticos y no probabilísticos, y diseños por atributos y por variables; en esta investigación se trabajó con el diseño probabilístico.

Así mismo, tomando como referencia a Jany (2009), la muestra se escogió de manera aleatoria. Es importante aclarar que el tamaño de la muestra mantiene un 95% de grado de confianza y 3% de grado de precisión, teniendo como soporte la siguiente formula para población finita; es decir, población conocida, la cual se señala a continuación:

$$n = \frac{NZ^2PQ}{e^2(N-1) + Z^2PQ}$$

Teniendo como referencia:

Tabla 4. Tamaño de la Muestra

TAMAÑO DE MUESTRA FINITA
n=tamaño de muestra buscado
N=tamaño de población y universo
Z=Parámetro estadístico que depende de el Nivel de Confianza
p=Probabilidad de que ocurra el evento estudiado(éxito)
q=(1- p)=Probabilidad de que no ocurra el evento estudiado
e=Error de estimación máximo aceptado

Fuente: Leiva (2021)

De donde se obtuvo:

n = 78

$$\frac{1.96^2\,(0.03)\,(0.95)}{0.03^2\,(78\text{-}1) + 1.96^2\,(0.03)\,(0.95)} = 48$$

Tabla 5. Parámetros Nivel de confianza

PARÁMETRO	VALOR
N	78
Z	1.96
p	3%
q	97%
e	3%
Numerador	8.71966368
Denominador	0.18109056

NIVEL DE CONFIANZA	Z alfa
100%	3
99%	2.58
98%	2.33
96%	2.05
95%	1.96
90%	1.645
80%	1.28
50%	0.674

TAMAÑO DE MUESTRA
"n"=
48
48 cuestionarios

Fuente: Leiva (2021)

Como método de respaldo, se realizó en el programa *Excel* la formula, teniendo el mismo resultado anteriormente expuesto.

Técnicas de Recolección de Datos

Las técnicas se refieren a un "conjunto de procedimientos estandarizados, los cuales determinan la forma de recoger los datos y, por lo tanto, están destinados a garantizar la confiabilidad de los mismos" (Chávez, 2007, p. 56).

La técnica de recolección de información escogida como procedimiento de esta investigación es la observación a través de encuesta que, según Zorilla (1996) es un conjunto de preguntas normalizadas y dirigidas a una población o muestra representativa de la misma, con el fin de conocer estados de opinión o hechos específicos. La información se obtiene tal como se necesita para fines estadístico-demográficos. Para Arias (2012), la modalidad de encuesta "se realiza de forma escrita, es a través de un instrumento o formato de papel contentivo de una serie de preguntas auto administrado que debe ser llenado por el encuestado, sin intervención del encuestador" (p.74).

Según López y Fachelli (2015), la encuesta es una técnica de recogida de datos a través de la interrogación de los sujetos cuya finalidad es la de obtener, de manera sistemática, medidas sobre los conceptos que se derivan de una problemática de investigación previamente construida.

Es ampliamente utilizada como procedimiento estandarizado de investigación, ya que permite obtener y elaborar datos de modo rápido y eficaz. Adicionalmente, posee, entre otras ventajas, la posibilidad de aplicaciones masivas y la obtención de información sobre un amplio abanico de cuestiones a la vez (Casas, et al, 2003).

Instrumentos de Recolección de Datos

Como instrumento se aplicó un cuestionario como método de soporte que facilitó la obtención de los datos del fenómeno a estudiar y poder alcanzar los objetivos propuestos. El cuestionario es un instrumento compuesto por un conjunto de preguntas diseñadas para generar los datos necesarios para alcanzar los objetivos del estudio; es un plan formal para recabar información de cada unidad de análisis objeto de estudio y que constituye el centro del problema de investigación (Parasuraman, et al, 1991).

Un cuestionario consiste en un conjunto de preguntas respecto a una o más variables a medir (Hernández, 2014). Es, por definición, el instrumento estandarizado que se emplea para la recolección de datos durante el trabajo de campo de algunas investigaciones cuantitativas, fundamentalmente las que se llevan a cabo con metodologías de encuestas. En pocas palabras, se podría decir que es la herramienta que permite al científico social plantear un conjunto de preguntas para recoger información estructurada sobre una muestra de personas, empleando el tratamiento cuantitativo y agregado de las respuestas para describir a la población a la que pertenecen y/o contrastar estadísticamente algunas relaciones entre medidas de su interés (Meneses, 2016).

El cuestionario quedó conformado por 10 preguntas (*ítems*), distribuidas en 3 segmentos, por medio de las cuales se recogieron los datos del proceso investigativo. Se empleó, así mismo, la escala de Likert en 8 de la totalidad de los interrogantes. La Escala de Likert es un medio de calificación psicométrica, comúnmente utilizada en las investigaciones de ciencias sociales que emplean cuestionarios, que se utiliza para interrogar a una persona sobre su nivel de acuerdo o desacuerdo con una declaración y facilitan la identificación de características y variables.

Esta herramienta está construida en torno a los conceptos que reflejan la actitud positiva o negativa, acerca de un interrogante que funge como referente. Cada pregunta tiene como opción de respuesta 5 alternativas que se identifican de la siguiente forma:

1. Totalmente en desacuerdo
2. En desacuerdo
3. Ni de acuerdo ni en desacuerdo
4. De acuerdo
5. Totalmente de acuerdo

El primer segmento del cuestionario está enfocado en identificar si se tiene implementado un proceso Outsourcing o tercerizado. El segundo, señala el tipo de Outsourcing contratado actualmente. Dentro del tercer segmento, se orienta hacia la relación entre la variable Implementación del Modelo Outsourcing y el Desarrollo Organizacional, donde se interroga si el modelo mejora la eficiencia de los recursos de la organización, si facilita los procesos de control de la organización, si facilita la toma de decisiones, si fomenta el mejoramiento continuo de la organización, si cree que el mantener una operación tercera dentro de la compañía permite cierta ventaja sobre los competidores, si los costos de la organización han disminuido de forma favorable, si permite diferenciación de cara a los competidores, si se mejoran las ventas de la compañía al enfocarse en su negocio.

La Validez del Instrumento

Todo instrumento de medición debe ser válido. De esta forma, tal como lo explica Chávez (1994), la validez "es la eficacia con que un instrumento mide lo que se pretende" (p.193). Es el grado en que un instrumento realmente mide la variable que pretende medir (Hernández, 2014). Existen tres tipos de validez, la de contenido, la de criterio y la de constructo.

La validez de contenido se refiere al grado en que un instrumento refleja un dominio específico de contenido de lo que se mide. Es el grado en que la medición representa al concepto o variable medida. Un instrumento de medición requiere tener representados a todos o la mayoría de los componentes del dominio de contenido de las variables que se van a medir (Hernández et al, 2014).

La validez de criterio establece la validez de un instrumento de medición al compararla con algún criterio externo que pretende medir lo mismo. Este criterio es un estándar con el que se juzga la validez del instrumento. Cuanto más se relacionen los resultados del instrumento de medición con los del criterio, la validez será mayor. Por otra parte, si el criterio se fija en el presente de manera paralela, se habla de validez concurrente, pero, si el criterio se fija en el futuro, se habla de validez predictiva. El principio de la validez de criterio es sencillo: si diferentes instrumentos o criterios miden el mismo concepto o variable, deben arrojar resultados similares. La pregunta que se responde es: ¿en qué grado el instrumento comparado con otros criterios externos mide lo mismo? (Hernández et al, 2014).

Por último, la validez de constructo se refiere a qué tan exitosamente un instrumento representa y mide un concepto teórico. A esta validez le concierne, en particular, el significado del instrumento; esto es, qué está midiendo y cómo opera para medirlo. Integra la evidencia que soporta la interpretación del sentido que poseen las puntuaciones del instrumento. Parte del grado en el que las mediciones del concepto, proporcionadas por el instrumento, se relacionan de manera consistente con mediciones de otros conceptos o variables vinculadas empírica y teóricamente. A tales conceptos se les denomina "constructos", y se entiende por tal a una variable medida y tiene lugar dentro de una hipótesis, teoría o modelo teórico. Es un atributo que no existe aislado sino en relación con otros y debe ser inferido de la evidencia que tenemos en nuestras manos y que proviene de las puntuaciones del instrumento aplicado. De manera que El proceso de validación de un constructo está vinculado con la teoría (Hernández et al, 2014).

Para el desarrollo de esta investigación se realizó la validez de contenido del instrumento (cuestionario), que permitió evaluar la pertinencia de las variables, dimensiones e indicadores para cumplir con los objetivos propuestos.

Para ello se elaboró un cuestionario en formato de validación (ver anexo) que se presentó a un par (doctora) y experta en el área con la finalidad de que evaluara objetivamente si su contenido mantiene las características y los elementos necesarios para recolectar la información, verificando la pertinencia de los ítems con relación a las variables, dimensiones e indicadores. Las observaciones de esta fueron analizadas e incluidas en el cuestionario final. El instrumento o cuestionario en formato de validación está compuesto por la información de la universidad, el título de la tesis, el autor y la fecha de esta. A su vez, por la información general, presentación y agradecimientos por la contribución al proceso investigativo. Se comparten los objetivos de la investigación (general y específicos), la población, la muestra, más el tipo de tipo de instrumento. Adicionalmente, el instrumento ofrece un espacio que mide a consideración de la experta si los ítems son pertinentes con los objetivos, si miden las variables, dimensiones e indicadores y si considera válido el instrumento, para lo cual debe ir acompañado de la firma de verificación. Se anexa el cuadro de operacionalización de las variables y el propio cuestionario dentro del documento.

La Confiabilidad del Instrumento

Un instrumento de recolección de datos debe ser confiable. Con relación a este aspecto, Chávez (1994) define la confiabilidad como "el grado de congruencia con que se realiza la medición de una variable" (p. 203); se refiere a la solidez y seguridad del instrumento y al grado en que su aplicación repetida al mismo sujeto u objeto produce resultados iguales (Hernández et al, 2014).

Para realizar la confiabilidad se aplicó una prueba piloto a 10 empresas, con sus respectivos gerentes, con las mismas características de la muestra, pero que no forman parte de esta (empresas que implementan el modelo outsourcing). Posteriormente, y al cabo de 15 días, se aplicó el mismo cuestionario a las mismas compañías, con el fin de obtener un patrón de comparación de los datos.

Con los resultados obtenidos, se procedió a aplicar la prueba del Alfa de Cronbach, que es pertinente para instrumentos con más de dos alternativas de respuesta, mediante del paquete estadístico *Statistical Package for the Social Sciences* o Paquete Estadístico para las Ciencias Sociales (SPSS), para posteriormente aplicarlo a la población objeto de estudio.

El coeficiente Alfa de Cronbach fue descrito por Lee J. Cronbach en 1951 y es un índice usado para medir la confiabilidad del tipo consistencia interna de una escala; es decir, para evaluar la magnitud en que los ítems de un instrumento están correlacionados. También se puede concebir este coeficiente como la medida en la cual algún constructo, concepto o factor medido está presente en cada ítem. Generalmente, un grupo de ítems que explora un factor común muestra un elevado valor de alfa de Cronbach (Oviedo y Campos, 2005, p. 4).

Tiene la ventaja de corresponder a la media de todos los posibles resultados de la comparación que se hace en el proceso de dividir en mitades una escala. Además, en que no es necesario dividir en dos mitades los ítems del instrumento de medición, simplemente se aplica la medición y se calcula el coeficiente (Tuapanta, et al, 2017; Hernández et al., 2014).

El valor mínimo aceptable para el coeficiente Alfa de Cronbach es 0.7; por debajo de ese valor la consistencia interna de la escala utilizada es baja. Este valor manifiesta la consistencia interna; es decir, muestra la correlación entre cada una de las preguntas. Un valor superior a 0.7 revela una fuerte relación entre las preguntas, un valor inferior revela una débil relación entre ellas. Por otro lado, correlaciones situadas entre el intervalo 0.8 y 1 podríamos considerarlas de muy altas y, en consecuencia, denotarían altos niveles de fiabilidad de los diferentes instrumentos elaborados (Tuapanta, et al, 2017).

A continuación, se presentan la tabla de coeficiente alfa y los datos arrojados por el software.

Tabla 6. Confiabilidad del Instrumento

COEFICIENTE ALFA
. 9 Es excelente
. 8 Es bueno
. 7 Es aceptable
. 6 Es cuestionable
. 5 Es pobre
Menor a 5 inaceptable

Fuente: Leiva (2021)

En la tabla anterior se muestra el coeficiente Alfa, donde **.9** expresa el valor máximo aceptable, **.5** el valor mínimo inaceptable. Un valor menor a **.7** indicaría que la consistencia interna de la escala empleada es baja y cuestionable.

En cuanto a los datos arrojados del cálculo del coeficiente Alfa de Cronbach para el instrumento aplicado, productos de las corridas del SPSS con la primera y segunda prueba piloto realizadas con 15 días de diferencia, arrojaron como resultado un .848, por lo que puede afirmarse que la confiablidad es bastante alta, siendo muy cercano a uno, de lo que se deduce que la información de la escala es buena y confiable.

Tabla 7. Estadística de Fiabilidad Alfa Cronbach

Estadísticas de fiabilidad		
Alfa de Cronbach	Alfa de Cronbach basada en elementos estandarizados	N de elementos
.828	.848	11

Fuente: Leiva (2021)

Técnicas de Análisis de los Datos

El análisis de la información generada en el transcurso de la investigación se realizó aplicando distintas metodologías estadísticas.

Para los segmentos del cuestionario que abarca la información general de las organizaciones, la implementación y la relación en el desarrollo organizacional del modelo outsourcing, se empleó el *análisis descriptivo* para fortalecer y aclarar la estructura de composición de los diversos grupos y clúster que se generaron de acuerdo con el sector empresarial, entre otros.

Dentro de las metodologías de análisis descriptivo se utilizó la *media*, *mediana* y *moda*. La media según (Miranda, 2006), es el promedio aritmético de las observaciones. Es el valor que representa a todos los individuos de la muestra (Mata, et al, 2006). Su fórmula es la siguiente:

$$\frac{X}{n} = x$$

En cuanto a la mediana, es el valor que divide exactamente a la mitad una serie de valores ordenados de mayor a menor, lo que provee una lista de observaciones con los valores más bajos y otra con los valores más altos. Cuando el número de observaciones es par, la mediana es el promedio de los dos valores centrales, ordenados en forma progresiva (Mata, et al, 2006). Su fórmula es la siguiente:

$$\frac{n+1}{2}$$

La moda indica el valor que más se repite en una serie de datos. Es posible encontrar do o más modas, por lo que la distribución se considera bimodal o trimodal. Si la media, la mediana y la moda adoptan el mismo valor en una serie de datos, se concluye que la distribución se acerca a la normalidad (Mata, et al, 2006).

Para determinar si las variables *Implementación del Modelo Outsourcing* y *Desarrollo Organizacional* mantienen correlación entre ellas el modelo estadístico empleado será el coeficiente de correlación de Spearman. Este coeficiente es una medida de asociación lineal que utiliza los rangos, números de orden, de cada grupo de sujetos y compara dichos rangos. Se formula de la siguiente forma (Martínez, et al, 2009):

$$r_R = 1 - \frac{6\Sigma_i d_i^2}{n(n^2-1)}$$

Para la contrastación de la hipótesis y el análisis de las propias variables, se empleará el *Análisis de Regresión Múltiple*, que es un modelo estadístico para estimar el efecto de una variable sobre otra. Permite predecir las puntuaciones de una variable a partir de las puntuaciones de otra variable. Entre mayor sea la correlación entre variables (covariación), mayor capacidad de predicción (Hernández et al, 2014). Su fórmula se expresa de la siguiente forma:

$$y = \beta_0 + \beta_1 x_1 + \beta_2 x_2 + \cdots + \beta_p x_p + \epsilon.$$

El Procedimiento de Investigación

El procedimiento de investigación para abordar el objeto de estudio quedó dividido en 3 etapas. La primera de ellas comprende el *Tema de Investigación*: el *Modelo Empresarial Outsourcing* y su relación con el *Desarrollo Organizacional*. Es una investigación cuantitativa, compuesta por el planteamiento y formulación del problema, seguido de los objetivos de la investigación y la justificación del estudio, teniendo como soporte un marco teórico que enriquece la comprensión del proceso de tercerización.

La segunda etapa abarca la *Metodología* del estudio, compuesto por el tipo de investigación, el diseño, la población, muestra y la técnica e instrumento de recolección de datos, donde se realiza la validez, pasando por la prueba piloto, y termina con la confiabilidad por medio de una herramienta estadística. A su vez, se describen las técnicas de análisis de datos que se emplearon, dentro de las que se encuentran el análisis descriptivo, la correlación de Spearman y regresión lineal múltiple.

La tercera y última etapa comprende los *Resultados, Conclusiones y Recomendaciones*, más el diseño de las estrategias de implementación del modelo outsourcing.

Figura 13. El Procedimiento de Investigación

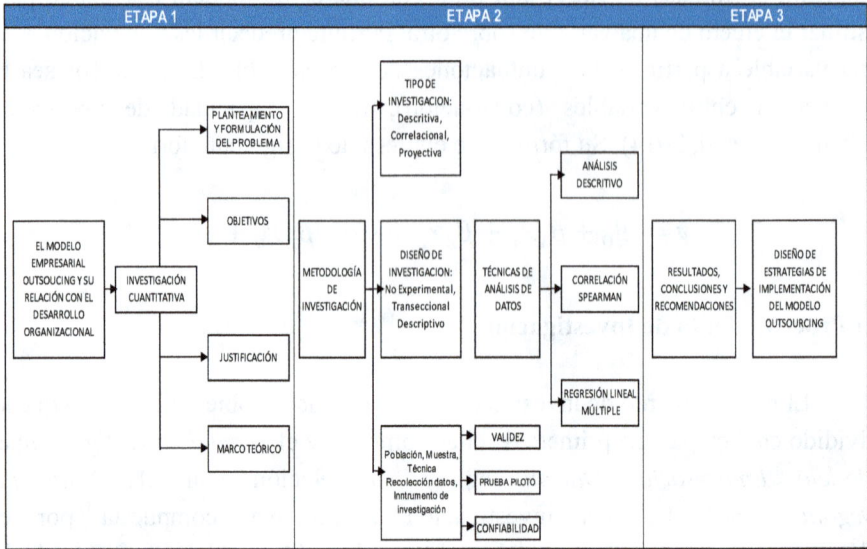

Fuente: Leiva (2021)

Capítulo IV: Resultados de la Investigación

CAPÍTULO IV.

Resultados de la Investigación

Presentación de los Resultados

Variable: Implementación Modelo Outsourcing. Dimensión: Tipos de procesos

1 ¿Mantiene actualmente implementado un proceso outsourcing o tercerizado?

Tabla 8. Implementación modelo outsourcing

Válido	Frecuencia	Porcentaje %
Sí	*48*	100.0
TOTAL	*48*	100.0

Fuente: Leiva (2021)

Figura 14. Implementación modelo outsourcing

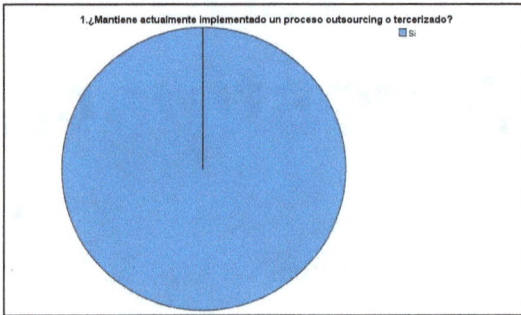

1.¿Mantiene actualmente implementado un proceso outsourcing o tercerizado?

Fuente: Leiva (2021)

Los resultados de la Tabla N°8 muestran que el 100% de los 48 encuestados implementan el modelo outsourcing en sus organizaciones.

Tabla 9. Tipos de Outsourcing

Válido	Frecuencia	Porcentaje%
Legal	2	4.2
Financiero	1	2.1
Tecnológico	4	8.3
Logístico	21	43.8
Administrativo	20	41.7
TOTAL	48	100.0

Fuente: Leiva (2021)

2 ¿Cuál es el tipo de Outsourcing que mantiene contratado actualmente en la compañía?

Selecciones una de las siguientes opciones:

Figura 15. Tipos de Outsourcing

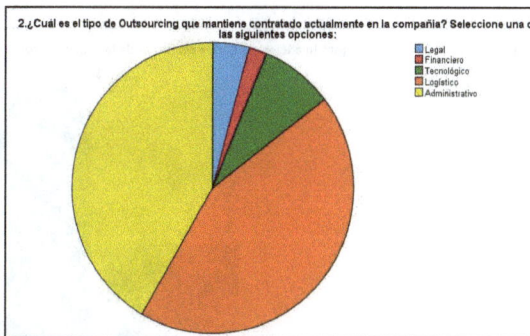

Fuente: Leiva (2021)

Los resultados de la Tabla N°9 indican que el tipo de outsourcing más empleado es el *logístico* con 21 organizaciones, que representan el 43.8% del total de la muestra. Le sigue el outsourcing *administrativo* con 20 compañías, con un 41.7% del total de la muestra. El outsourcing *tecnológico* se ubica en tercera posición con 4 empresas, que representan el 8.3%. Luego se ubica el *legal* con 2 empresas que lo implementan, con un 4.2%, y cierra el *financiero* en la quinta posición con 1 compañía, representando un 2.1%.

Variable: Desarrollo Organizacional. Dimensión: Factores de desarrollo

3 El modelo Outsourcing mejoró la eficiencia de los recursos de la organización

Tabla 10. La Eficiencia

Válido	Frecuencia	Porcentaje%
Totalmente en desacuerdo	0	0
En desacuerdo	1	2.1
NI de acuerdo Ni desacuerdo	4	8.3
De acuerdo	14	29.2
Totalmente de acuerdo	29	60.4
TOTAL	48	100.0

Fuente: Leiva (2021)

Figura 16. La Eficiencia

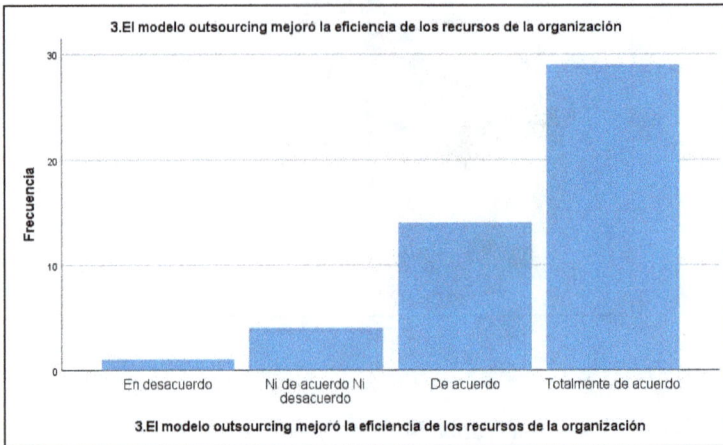

Fuente: Leiva (2021)

Los resultados de la Tabla N°10 muestran las respuestas a la pregunta si *el modelo outsourcing mejoró la eficiencia de los recursos*, ubicándose en primera posición la opción *Totalmente de a acuerdo* con 29 organizaciones, que representa el 60.4%. Le sigue la alternativa *De acuerdo* con 14 compañías, obteniendo un 29.2%. *Ni de acuerdo ni desacuerdo*, se ubica en la tercera posición con 4 empresas, obteniendo un 8.3%, para terminar con la opción *En desacuerdo*, con 1 una organización, que representa el 2.1% del total general.

4. El modelo outsourcing facilitó los procesos de control de la organización

Tabla 11. El control

Válido	Frecuencia	Porcentaje%
Totalmente en desacuerdo	2	4.2
En desacuerdo	2	4.2
NI de acuerdo Ni desacuerdo	8	16.7
De acuerdo	7	14.6
Totalmente de acuerdo	29	60.4
TOTAL	48	100.0

Fuente: Leiva (2021)

Figura 17. El control

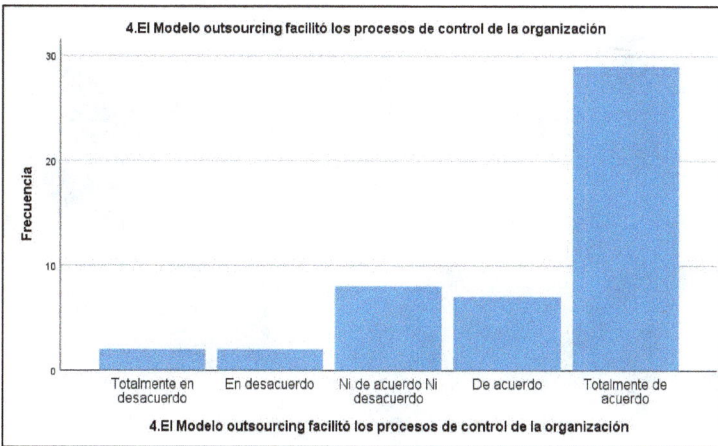

Fuente: Leiva (2021)

En cuanto a los resultados de la Tabla No.11, relacionados con el *control*, puede observarse que en primer lugar se ubica la opción *Totalmente de acuerdo* con 29 de las 48 empresas encuestadas, para un 60.4%. Le sigue la alternativa *Ni de acuerdo ni desacuerdo* con 8 organizaciones, que representan el 16.7%. La tercera posición la ocupa la opción *De acuerdo* con 7 entidades, obteniendo un 14.6%. En la cuarta y quinta posición, con 2 compañías cada una y con el mismo porcentaje de 4.2%, la ocupan las alternativas *En desacuerdo* y *Totalmente en desacuerdo*.

5. El modelo outsourcing facilitó la toma de decisiones de la organización

Tabla 12. La toma de decisión

Válido	Frecuencia	Porcentaje%
Totalmente en desacuerdo	5	10.4
En desacuerdo	1	2.1
NI de acuerdo Ni desacuerdo	5	10.4
De acuerdo	12	25.0
Totalmente de acuerdo	25	52.1
TOTAL	48	100.0

Fuente: Leiva (2021)

Figura 18. La toma de decisión

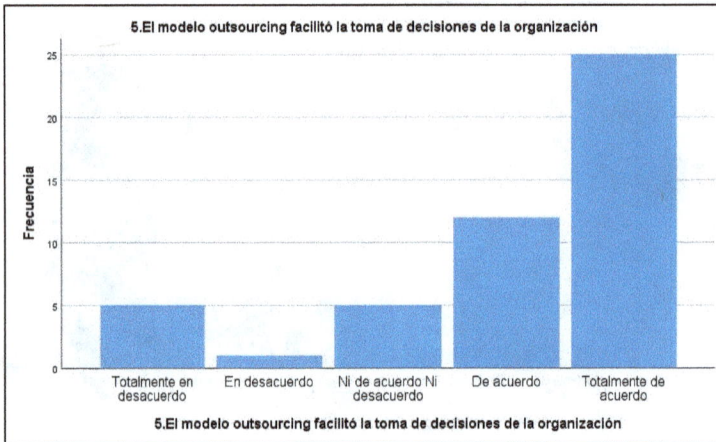

Fuente: Leiva (2021)

Los resultados de la Tabla N°12, que hacen referencia a la *toma de decisión*, ubica la opción *Totalmente de acuerdo* como la más seleccionada con 25 organizaciones, lo que representa el 52.1%. Le sigue, como segunda respuesta de mayor selección, *De acuerdo*, con 12 empresas, y el 25%. En la tercera y cuarta posición se ubican las alternativas *Ni de acuerdo ni desacuerdo* y *Totalmente en desacuerdo*, con 5 compañías cada una, representando el 10.4% cada una. Por último, se encuentra la respuesta *En desacuerdo* con 1 compañía que representa el 2.1%.

6. El modelo outsourcing facilitó el mejoramiento continuo de la organización

Tabla 13. El mejoramiento continuo

Válido	Frecuencia	Porcentaje%
Totalmente en desacuerdo	0	0
En desacuerdo	0	0
NI de acuerdo Ni desacuerdo	3	6.3
De acuerdo	17	35.4
Totalmente de acuerdo	28	58.3
TOTAL	48	100.0

Fuente: Leiva (2021)

Figura 19. El mejoramiento continuo

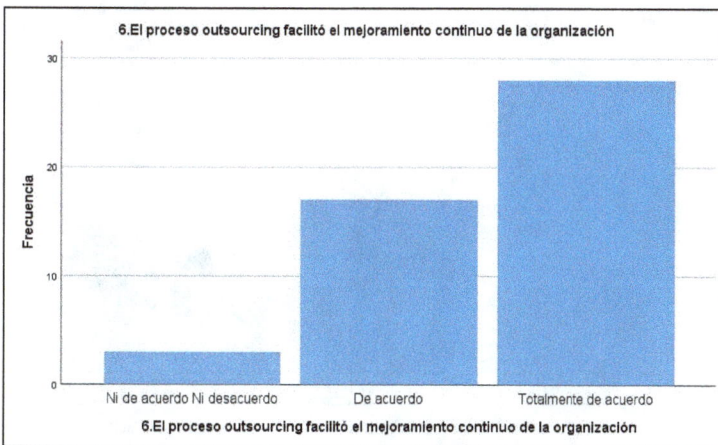

Fuente: Leiva (2021)

En la tabla N°13 se muestran los resultados referidos al *mejoramiento continuo*. Se aprecia que 28 organizaciones respondieron la opción *Totalmente de acuerdo*, que representan el 58.3%. En segunda posición con 17 compañías, que representan el 35.4%, se ubica la alternativa *De acuerdo*, culminando con la categoría *Ni de acuerdo Ni desacuerdo* con 3 compañías y el 6.3 %.

7. El modelo outsourcing aumentó la ventaja competitiva de la organización

Tabla 14. La ventaja competitiva

Válido	Frecuencia	Porcentaje%
Totalmente en desacuerdo	2	4.2
En desacuerdo	3	6.3
NI de acuerdo Ni desacuerdo	5	10.4
De acuerdo	12	25.0
Totalmente de acuerdo	26	54.2
TOTAL	48	100.0

Fuente: Leiva (2021)

Figura 20. La ventaja competitiva

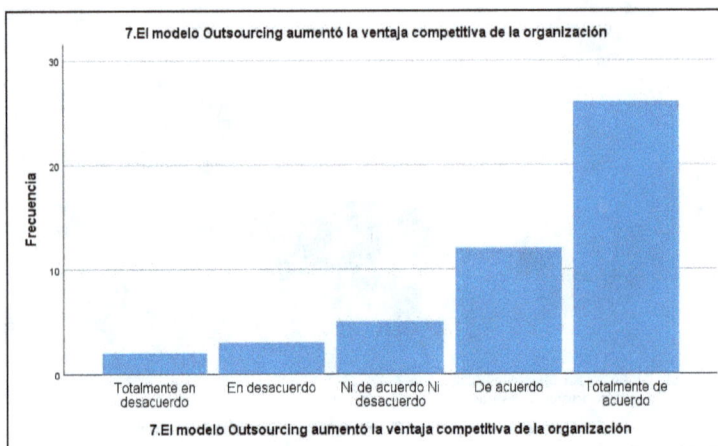

Fuente: Leiva (2021)

En la Tabla N°14, relacionada con la *ventaja competitiva*, puede observarse que la opción *Totalmente de acuerdo* cuenta con 26 respuestas de las compañías encuestadas, para un 54.2%. La segunda posición la ocupa *De acuerdo* con 12 empresas y el 25%. En tercera posición se ubica la alternativa *Ni de acuerdo ni desacuerdo* con 5 entidades, que representan el 10.4%. La cuarta posición, con 3 compañías, está ocupada por la opción *En desacuerdo*, que obtiene un 6.3%. La última posición está ocupada por la opción *Totalmente en desacuerdo* con 2 organizaciones y un 4.2%.

8. El modelo outsourcing disminuyó favorablemente los costos para su organización

Tabla 15. Los costos

Válido	Frecuencia	Porcentaje%
Totalmente en desacuerdo	2	4.2
En desacuerdo	0	0
NI de acuerdo Ni desacuerdo	2	4.2
De acuerdo	15	31.3
Totalmente de acuerdo	29	60.4
TOTAL	48	100.0

Fuente: Leiva (2021)

Figura 21. Los costos

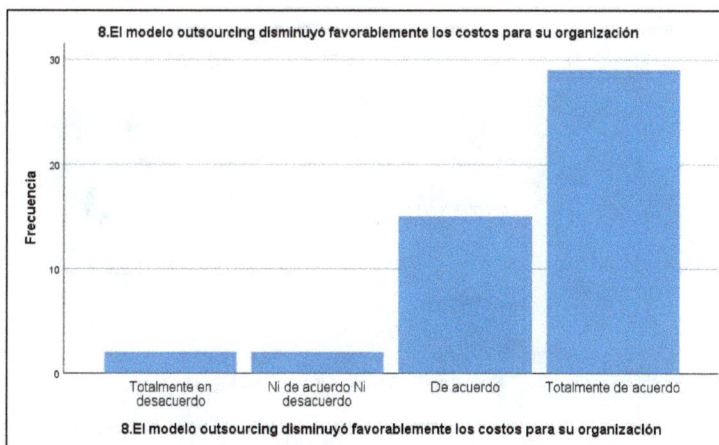

Fuente: Leiva (2021)

En la Tabla N°15, relacionada con la *disminución de los costos*, la primera posición está ocupada por la opción *Totalmente de acuerdo* con 29 compañías y un 60.4%. En el segundo lugar se ubica la alternativa *De acuerdo* con 15 organizaciones para un 31.3%. *En desacuerdo* y *Totalmente de acuerdo* comparten la tercera posición con 2 compañías y el 4.2% cada una, en tanto la opción *En desacuerdo* no registro respuesta ni porcentaje alguno.

9. El modelo outsourcing le permitió a su organización diferenciarse frente a sus competidores

Tabla 16. La diferenciación

Válido	Frecuencia	Porcentaje%
Totalmente en desacuerdo	2	4.2
En desacuerdo	7	14.6
NI de acuerdo Ni desacuerdo	6	12.5
De acuerdo	7	14.6
Totalmente de acuerdo	26	54.2
TOTAL	48	100.0

Fuente: Leiva (2021)

Figura 22. La diferenciación

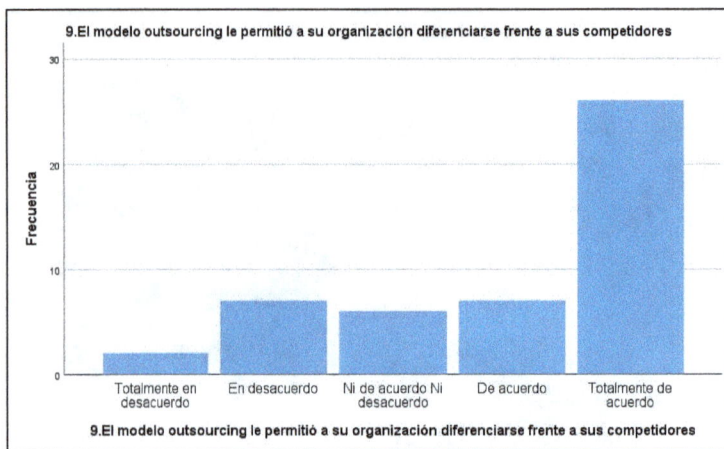

Fuente: Leiva (2021)

En cuanto a la Tabla N°16, referida a la *diferenciación*, la opción *Totalmente de acuerdo* obtuvo un 54.2%, que representa la respuesta de 26 compañías; le sigue *De acuerdo* y *En desacuerdo* con 7 empresas cada una y un 14.6% respectivamente. Continua la alternativa *Ni de acuerdo Ni desacuerdo* con 6 empresas y un 12.5%, y cierra *Totalmente en desacuerdo* con 2 compañías, que representan un 4.2%.

10. El modelo outsourcing aumentó las ventas de su compañía al enfocarse en su negocio

Tabla 17. Las ventas

Válido	Frecuencia	Porcentaje%
Totalmente en desacuerdo	3	6.3
En desacuerdo	4	8.3
NI de acuerdo Ni desacuerdo	3	6.3
De acuerdo	7	14.6
Totalmente de acuerdo	31	64.6
TOTAL	48	100.0

Fuente: Leiva (2021)

Figura 23. Las ventas

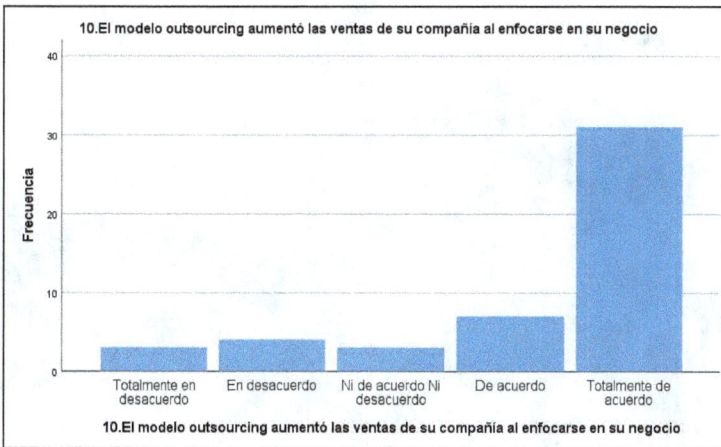

Fuente: Leiva (2021)

La Tabla N°18, referida al *aumento de las ventas*, arroja como resultado que la opción *Totalmente de acuerdo*, con 31 compañías, ocupa la primera posición, representando el 64.6%. La alternativa *De acuerdo* la segunda, con 7 organizaciones y un 14.6%. En el tercer puesto se encuentra la alternativa *En desacuerdo* con 4 compañías y el 8.3%, cerrando la tabla con las opciones *Ni de acuerdo Ni desacuerdo* y *Totalmente en desacuerdo*, con 3 compañías y el 6.3% cada una.

Presentación de resultados sobre la implementación del modelo empresarial Outsourcing y su relación con el desarrollo organizacional

Para enriquecer al análisis descriptivo del estudio, se presentan a continuación las medidas estadísticas relacionadas con la media, mediana y moda de las variables sujetas a estudio.

Tabla 18. Estadísticos: Media, Mediana, Moda

Válido	1.¿Mantiene actualmente implementado un proceso o outsourcing o tercerizado?	2.Cuál es el tipo de Outsourcing que mantiene contratado actualmente en la compañía? Seleccione una de las siguientes opciones:	3.El modelo o outsourcing mejoró la eficiencia de los recursos de la organización	4.Modelo outsourcing facilitó los procesos de control de la organización	5 El modelo outsourcing facilitó la toma de decisiones de la organización	6.El proceso o outsourcing facilitó el mejoramiento continuo de la organización	7.El modelo Outsourcing aumentó la ventaja competitiva de la organización	8.El modelo outsourcing disminuyó favorablemente los costos para organización	9.El modelo outsourcing le permitió a su organización diferenciarse frente a sus competidores	10, El modelo outsourcing permitió las ventas de su compañía al enfocarse en su negocio
N Válido	48	48	48	48	48	48	48	48	48	48
Media	1.00	4.17	4.48	4.23	4.06	4.52	4.19	4.44	4.00	4.23
Mediana	1.00	4.00	5.00	5.00	5.00	5.00	5.00	5.00	5.00	5.00
Moda	1.00	4	5	5	5	5	5	5	5	5

Fuente: Leiva (2021)

La media, —señalada en rojo—, que es el promedio aritmético de las observaciones y el valor que representa a todos los individuos de la muestra (Mata, et al, 2006), en relación con los tipos de Outsourcing, mantiene un promedio de 4.17, siendo el logístico más implementado en el marco de este estudio. En cuanto a los *items* del número 3 a la 10, formulados en escala de Likert, la opción que más representa a los individuos es de *De acuerdo*, lo que indica que los elementos de la *dimensión factores de desarrollo* (la eficiencia, el control, la toma de decisión, el mejoramiento continuo, la ventaja competitiva, los costos, la diferenciación y las ventas), mantienen una clara aceptación de la relación entre implementación y desarrollo organizacional.

La mediana —señalada en verde—, que es el valor que divide exactamente a la mitad una serie de valores ordenados de mayor a menor y que provee una lista de observaciones con los valores más bajos y otra con los valores más altos (Mata, et al, 2006), indica que el tipo de Outsourcing más empleado es el *logístico* con 4.00 de resultado. Los *items* del número 3 al 10, relacionados con la *dimensión factores de desarrollo*, ubican a la opción *Totalmente de acuerdo* con 5.00 de resultado, como la respuesta más empleada entre la aplicación del modelo outsourcing y el desarrollo organizacional.

La moda —señalada en naranja— indica el valor que más se repite en una serie de datos (Mata, et al, 2006). De acuerdo con la tabla anterior, el tipo de outsourcing más implementado es el *logístico* con un resultado de 4.00. En cuanto a la *dimensión factores de desarrollo*, el valor que más se repite es 5, que corresponde a *Totalmente de acuerdo*, el cual está relacionado con la implementación y el propio desarrollo organizacional.

Para determinar si las variables *Implementación del Modelo Outsourcing* y *Desarrollo Organizacional* mantienen correlación entre ellas, el modelo estadístico empleado fue el coeficiente de correlación de Spearman. A continuación, se muestra la tabla que contiene la escala del coeficiente de correlación:

Tabla 19. Escala de coeficiente Spearman

Significado	Valor
Correlación Nula	0
Correlación Positiva Muy Baja	0.01 a 0.19
Correlación Positiva Baja	0.2 a 0.39
Correlación Positiva Moderada	0.4 a 0.69
Correlación Positiva Alta	0.7 a 0.89
Correlación Positiva Muy Alta	0.9 a 0.99
Correlación Positiva Perfecta	1

Fuente: Leiva (2021)

Los datos obtenidos de la aplicación del modelo estadístico coeficiente de correlación de Spearman se muestran a continuación.

Tabla 20. Correlación variable implementación y desarrollo organizacional

	1¿Man tiene actual mente imple menta do un proces o outsou rcing o terceri zado?	3.El model o outso urcing mejor ó la eficie ncia de los recur sos de la organ izació n	4.Mo delo outso urcin g facilit ó los proce sos de contr ol de la organ izació n	5 El model o outso urcin g facilit ó la toma de decisi ones de la organ izació n	6.El proces o outsou rcing facilit ó el mejor amien to contin uo de la organi zación	7.El model o Outso urcin g aume ntó la ventaj a comp etitiva de la organ izació n	8.El modelo outsou rcing dismin uyó favora blemen te los costos para su organi zación	9.El model o outso urcing le permi tió a su organi zación difere nciars e frente a sus compe tidore s	10, El mode lo outso urcin g aume ntó las venta s de su comp añía al enfoc arse en su negoc io
Variabl es									
RHO SPEARM AN									

120

Coeficiente Correlación	.531′	.471¨	.460¨	.560¨	.566¨	.664¨	.523¨	.512¨
Sig. Bilateral	.000	.000	.000	.000	.000	.000	.000	.000

Fuente: Leiva (2021)

Los datos contenidos en la Tabla N°12, arrojados por la aplicación coeficiente de correlación de Spearman, muestran que la *implementación del modelo outsourcing* mantiene una correlación de .531 con el factor de desarrollo *eficiencia*. Según la escala del coeficiente, sitúa este valor en una *correlación positiva moderada*. En cuanto al factor de desarrollo *control*, el valor es de .471, que según la escala del coeficiente es igualmente una *correlación positiva moderada*. En el factor de desarrollo *Toma de decisiones* se obtuvo un valor de .460, que, de la misma manera, según la escala del coeficiente, es una *correlación es positiva moderada*. Para el factor de desarrollo *mejoramiento continuo* se obtuvo un valor de .560, que según la escala del coeficiente es también una *correlación positiva moderada*.

Adicionalmente, se muestra el factor de desarrollo *ventaja competitiva* con un valor de .566 que, de acuerdo con la escala, indica que es una *correlación positiva moderada*. A su vez, la implementación del modelo y el factor de desarrollo *costos*, mantienen un valor de .664, siendo una *correlación positiva moderada* según la escala de coeficiente. En cuanto al factor de desarrollo *diferenciación*, el valor se ubicó en .523, siendo también una *correlación positiva moderada*. Por último, el factor de desarrollo organizacional *ventas* obtuvo un valor de .512, que la clasifica como una *correlación positiva moderada*, según la escala del coeficiente de correlación. A su vez, al tener coeficientes muy cercanos a 1, permite deducir que la correlación es buena entre todas las variables y que los datos no provienen del azar. En cuanto a la significancia asintótica o *p valor*, que se encuentra en .000 en todas las variables, es una muestra clara para rechazar la hipótesis nula (H0).

Lo anteriormente expuesto, relacionado con la correlación existente entre las variables, permite afirmar que *la implementación del modelo Outsourcing tiene relación en el desarrollo organizacional de las empresas de Ciudad de Panamá.*

El procedimiento estadístico usado para comprobar la hipótesis de investigación H1 es el *análisis de regresión múltiple*, que modeliza la relación entre la variable dependiente (Y) y la variable independiente (X).

Ingresados y procesados los valores de las variables por software SPSS, arrojan los siguientes resultados:

Tabla 21. Resumen modelo

Modelo	R Cuadrado	Durbin Watson
1	.603	1.905

Fuente: Leiva (2021)

Modelo 1: Corresponde al proceso comprendido entre la variable independiente y los predictores o variables ingresadas al sistema. Existen varias opciones de modelo según el tipo de investigación; para este estudio, se escoge la opción *Intro* que es la que proporciona el software estadístico.

Durbin Watson: Identifica si existe independencia en los residuos (la resta entre lo estimado y lo verdadero), para que indique si se modeló bien. El valor aceptado debe oscilar entre 1.5 y 2.5 para que exista confianza en los datos obtenidos. Como resultado de este estudio, se obtuvo 1.905, lo que indica que no existe autocorrelación y que el modelo es confiable.

R cuadrado: Es el coeficiente de determinación, el cual tiene como medida de 0 a 1. El resultado obtenido en este modelo indica que las variables objeto de estudio obtuvieron un valor de .603, lo que permite afirmar que se puede predecir en un 60% el constructo de investigación y que el modelo se ajusta a los datos suministrados. Un $R2$ cercano a 0 indicaría que el modelo no aplica o no sirve.

Tabla 22. Coeficiente de determinación R2

Significado	Valor
Nula	*Si r=0*
Casi Nula	*Si r > 0 y r < 0,10*
Muy Baja	*Si r > = + 0,20 y r < + 0,40*
Positiva Moderada	*Si r > = + 0,40 y r < + 0,60*
Positiva Alta	*Si r > = + 0,60 y r < + 0,80*
Muy Alta	*Si r > = + 0,80 y r < + 1,00*
Positiva Perfecta	*1*

Fuente: Leiva (2021)

De acuerdo con el resultado obtenido −.603−, el R^2 del estudio se sitúa en *positiva alta*, según la tabla de anteriormente mostrada, lo que significa que los datos obtenidos en el análisis de los resultados son confiables y que el modelo sí predice la correlación entre las variables objeto de esta investigación.

Tabla 23. Análisis de la varianza, ANOVA

Modelo	F	Sig.
1	*18.052*	*.000[b]*

Fuente: Leiva (2021)

F: Esta parte del proceso prueba si el modelo es significativamente mejor para predecir el resultado. Para ello, se analiza el valor obtenido de F, el cual representa la proporción de la mejora en la predicción del modelo con relación a la inexactitud que puede presentarse. La cifra para este estudio se sitúa en 18.052, lo que traduce que es muy poco probable que los datos sean producto de la casualidad, siendo un valor estadístico significativo.

Sig: Con el resultado obtenido de .000[b], se puede deducir que el modelo se ajusta y predice de manera significativa la variable dependiente e independiente. Se interpreta que los datos analizados no provienen del azar y que existe significancia que da la confiabilidad a los datos y los resultados obtenidos a partir del análisis de los mismos.

Tomado en consideración los resultados expuestos, se puede afirmar que el modelo de regresión mejora significativamente la predicción de las variables de investigación.

Tabla 24. Región de rechazo y aceptación hipótesis

Valor	Significado	Toma decisión
Si H0 es mayor a 0.05%	*SE ACEPTA LA HIPOTESIS NULA, SUPERA EL NIVEL DE CONFIANZA*	*SIGNIFICA QUE LAS EVIDENCIAS FUERON CONTUNDENTES PARA PASAR DE H1 A H0*
Si H1 se encuentra entre 0 a 0.05%	*SE ACEPTA LA HIPOTESIS DE TRABAJO, SE ENCUENTRA EN EL NIVEL DE CONFIANZA*	*SIGNIFICA QUE LAS EVIDENCIAS FUERON CONTUNDENTES PARA PASAR DE H0 A H1*

Fuente: Leiva (2021)

Rechazo si: H0 es > a $0.05 = 5\%$ = superando el % de confianza

Aceptación si: H1 = a .000 y 0.05% = estando en el 95% de confianza

En función de lo anteriormente señalado, y de acuerdo con los resultados obtenidos por el Sig. o P valor (.000[b]) de este estudio, existe un alto grado de aceptación de la Hipótesis de trabajo (H1) y se rechaza la H0, en donde se acepta H1 al encontrarse dentro de los valores 0 a 0.05 del nivel de confianza.

Análisis de los resultados

Objetivo específico No. 1: *Describir los tipos de procesos del modelo Outsourcing en las empresas de La Ciudad de Panamá, Panamá.*

Para realizar el presente estudio, se tomó como muestra a las empresas que mantuviesen implementando el modelo Outsourcing, tal y como se relaciona en la Tabla N°8, que indica que el 100% de las organizaciones son usuarias del modelo tercerizado. Es prudente recalcar que, según Rothery (1996), el outsourcing, supone una relación entre empresa y proveedor, busca el máximo de cohesión y confianza que permita generar un valor agregado, a través de una planificación de trabajo en conjunto y una comunicación oportuna.

La Tabla N°9 recoge los datos acerca de los tipos de outsourcing, seleccionados tomando en consideración lo planteado por Hidalgo et al (2013). Se indagaron 5 tipos, a saber, Legal, Financiero, Tecnológico, Logístico y Administrativo. El más seleccionado fue el logístico −21 organizaciones y

43.8%–, seguido del administrativo –20 empresas y 41.7%–, del tecnológico –4 entidades y 8.3%–, del legal –2 empresas y 4.2%– y del financiero –1 compañía y 2.1%.

Objetivo específico No. 2: *Analizar los factores del desarrollo organizacional en las empresas de La Ciudad de Panamá, Panamá.*

El Desarrollo Organizacional (DO), en sus principios teóricos, propone un conjunto de ideas acerca del hombre, la organización y el ambiente, orientadas a propiciar el desarrollo y crecimiento de sus potencialidades representadas en competencias, habilidades y destrezas (Sánchez, 2009). A través del instrumento aplicado, se abordaron y analizaron varios componentes que propician el mismo, el primero de ellos la *eficiencia*, entendida como operar y actuar de modo que los recursos sean utilizados de forma más adecuada (Da Silva, 2002).

De acuerdo con la Tabla N°10, más de la mitad (60%) de las empresas cuestionadas está *Totalmente de acuerdo* en que el modelo Outsourcing mejoró la eficiencia de los recursos de la organización, seguido de la opción *De acuerdo* con el 29.2%. Es decir, casi el 90% de los consultados coinciden en la importancia del Outsourcing para el mejoramiento de la eficiencia de la organización, en contra del 10.4% que suman las opciones *En desacuerdo* y *Neutral*.

El segundo factor de DO analizado fue el *control*, que es el proceso de regular actividades que aseguren que los planes corporativos se estén cumpliendo y ejecutando tal cual como fueron planificados y corrigiendo cualquier desviación significativa (Robbins & Judge, 2009). La Tabla N°11 muestra que el 60.4% de los gerentes están *Totalmente de acuerdo* que el outsourcing facilitó los procesos de control, lo que sumado al 14.6% de la opción *De acuerdo*, suma 75% de la muestra, cifra significativa en contraste con el 16.7% de la opción *Ni de acuerdo Ni desacuerdo* y el 8.4% de las *opciones en desacuerdo* y totalmente en desacuerdo –4.2% cada una–.

El tercer factor de DO analizado fue la *toma de decisiones*, proceso de análisis y elección entre alternativas disponibles de cursos de acción que la persona que decide deberá elegir (Chiavenato, 2002). La Tabla N°12 señala que la gran mayoría de los consultados consideran que el outsourcing facilita la toma de decisiones, representados en el 80.1%, resultado de la suma de los porcentajes de las opciones *Totalmente de acuerdo*, con 52.1%, y *De acuerdo*, con el 25%.

El cuarto factor analizado fue el *mejoramiento continuo*, que es consecuencia de una forma ordenada de administrar y mejorar los procesos, identificando causas o restricciones (Gutiérrez, 2010). La Tabla N°13 evidencia que el modelo outsourcing facilitó el mejoramiento continuo de las organizaciones que la implementaron, con un porcentaje de respuesta de los consultados del 93.7%, de los cuales 58.3% corresponde a la opción *Totalmente de acuerdo* y 35.4% a la opción *de acuerdo*.

El quinto factor analizado fue la *ventaja competitiva*, que tiene su fuente en los recursos, capacidades y aptitudes centrales, las cuales se encuentran en función de las habilidades empresariales, con la finalidad de que se desarrollen procesos sistemáticos y de esta manera se puedan generar dicha ventaja (Chuquimarca, et al, 2019). Los resultados de la Tabla N°14 muestran que un 54.2% de los gerentes encuestados, seleccionaron la opción *Totalmente de acuerdo* con la consulta si el modelo Outsourcing aumentó la ventaja competitiva, lo que muestra una relación medianamente significativa entre implementación y DO.

El sexto factor de DO analizado fueron los *costos*, definidos como las erogaciones y causaciones que son efectuadas en el área de producción, necesarios para fabricar un artículo o prestar un servicio, cumpliendo así con el desarrollo del objeto social propuesto por la empresa, y que debe generar un beneficio económico futuro (Polo, 2015). Los resultados de la Tabla N°15 muestran que el 60.4% de los gerentes consultados seleccionaron la opción *Totalmente de acuerdo*, lo que indica que el modelo outsourcing disminuyó favorablemente los costos en la mayoría de las organizaciones que lo implementaron.

El séptimo factor analizado fue la *diferenciación*, que hace referencia a cuando una empresa busca ser única en su sector industrial junto con algunas dimensiones de sus productos que son ampliamente valoradas por los compradores (Porter, 1990). En la opinión de los gerentes consultados, recogidas en la Tabla N°16, la opción *Totalmente de acuerdo* obtuvo el 54.2%, con lo que puede afirmarse que más de la mitad considera que el modelo outsourcing le permitió a las organizaciones diferenciarse frente a sus competidores

El último factor de DO analizado fueron las *ventas*, definidas como cualquier esfuerzo o proceso cuyo objetivo primordial es otorgar un producto o servicio a cambio de papel moneda (Foster, 1994). Los resultados de la Tabla N°10 muestran que la opción *Totalmente de acuerdo* obtuvo el 64.6% de representación, lo que expresa que un poco más de la mitad de los gerentes consultados consideran que el modelo outsourcing aumentó las ventas al enfocarse en los aspectos medulares del negocio

Objetivo específico No. 3: *Determinar la relación de la aplicación del modelo Outsourcing con el desarrollo organizacional de las empresas de La Ciudad de Panamá. Panamá.*

Tomando en consideración los datos obtenidos en la investigación, se puede deducir que la variable *implementación del modelo outsourcing* y el *desarrollo organizacional* están correlacionadas entre sí, permitiendo el avance en una serie de factores claves en el progreso corporativo de una organización.

El modelo empresarial outsourcing está compuesto por varios tipos de procesos, que fueron identificados y analizados en el transcurso del estudio, siendo el *logístico* el de mayor peso porcentual, seguido del *administrativo*, pasando por el *tecnológico, financiero* y *legal.*

Con relación a los tipos de outsourcing, se logró analizar la forma cómo las compañías en Panamá gozan de las bondades del modelo tercerizado.

Con respecto al factor del DO *eficiencia*, se logró determinar que las organizaciones que han implementado el outsourcing han logrado hacer un uso eficiente de los recursos de la organización, siendo un dato alentador y a favor hacia los procesos tercerizados.

Con relación al factor de DO *control*, de acuerdo con los datos presentados puede afirmarse que el outsourcing facilita los procesos de verificación en las organizaciones.

En lo que atañe al factor de DO *toma de decisiones*, las cifras mostradas permiten aseverar que la implementación del modelo tercero facilitó este proceso dentro de las compañías, siendo de vital importancia dentro del juego gerencial actual.

En lo que respecta al factor de DO *mejoramiento continuo*, puede inferirse, en función de los datos presentados, que el modelo tercerizado permite mejorar la organización como un todo, aspecto fundamental para la competitividad en una economía global.

Con relación al factor de DO *ventaja competitiva*, se puede sostener, de acuerdo con los datos, existe una clara y estrecha relación entre el modelo y este factor, que permite el avance corporativo.

En cuanto al factor de DO *costos*, el estudio indica que el modelo outsourcing permite disminuir, de manera favorable, los costos para la organización contratante, siendo una herramienta que afecta directamente la gestión financiera, en medio de un clima ajustado a la relación costo–beneficio.

En lo relacionado al factor de DO *diferenciación*, las cifras muestran que la implementación del modelo outsourcing permite a las organizaciones diferenciarse frente a sus competidores, haciendo más visible la correlación de las variables.

Por último, relacionado al factor de DO *ventas*, con la implementación del modelo outsourcing la comercialización de una organización pueden verse favorecida al centrarse en los aspectos cruciales del negocio, importante para el propio crecimiento y consolidación organizacional.

Como pudo evidenciarse con los datos recogidos, las pruebas estadísticas mostradas y los análisis realizados en esta investigación, existe una clara relación entre las variables *implementación del modelo outsourcing* y *desarrollo organizacional*, que fortalecen y respaldan la aplicación y gestión del modelo outsourcing como facilitadora de procesos organizacionales internos, lo que contribuye a la ampliación del conocimiento teórico y empírico dentro de la estructura empresarial basada en la externalización.

Conclusiones

De acuerdo con los resultados obtenidos de este estudio, se puede afirmar que existe una estrecha relación entre la *implementación del modelo Outsourcing y el desarrollo organizacional* en las organizaciones donde se ha aplicado. En función de lo anterior, se puede decir que la opción de tercerización se presenta como una alternativa para el fortalecimiento de las estructuras empresariales en las compañías de la Ciudad de Panamá.

Así mismo, considerando los diferentes tipos de Outsourcing, existe la posibilidad de que las compañías contemplen esta estrategia, demostrados los aportes que el modelo hace a de la gestión y gerencia empresarial. Sin dudas que, para la correcta aplicación de un proceso externo, es necesario tener un conocimiento previo de las necesidades que propician el llamado a la incorporación de un modelo de gestión liderado por un tercero, por supuesto sin dejar de considerar que el universo de compañías outsourcing han labrado un camino hacia la especialidad de sus procesos que, seguramente, resolverá satisfactoriamente la limitación en una operación determinada de las compañías.

Los factores de desarrollo analizados permiten trazar formas y estrategias de fortalecimiento corporativo. Para ello, las empresas en Panamá pueden identificar, de buena manera, cómo una compañía externa puede ser el medio para potenciar sus propias capacidades de cara a la competitividad. El juego gerencial no puede estar mejor acompañado en esta época, ya que cuenta con distintas formas empresariales para dinamizar y flexibilizar las posturas corporativas de cara a las propuestas de mercado y comercio actual.

El desarrollo organizacional, tal y como fue abordado en esta investigación, está compuesto por dimensiones que ejercen una clara función en la gestión empresarial. Afirmar que una entidad puede mejorar la eficiencia de los recursos propios por medio de la gestión de un tercero, es quizás una aseveración que deja dudas; sin embargo, los resultados de este estudio indican una inclinación hacia los aspectos positivos en este ámbito.

Para cualquier organización empresarial es determinante que cada uno de sus esfuerzos se encuentre ligado a los factores de control, que permitan la verificación de los procesos del DO. Que el mercado panameño logre identificarlos es importante para que la tercerización tome fuerza y sea vista como una herramienta capaz de lograr un avance en la coyuntura en la que se encuentran los mercados mundiales.

Es importante resaltar que, con base en los resultados obtenidos, las organizaciones que han adoptado el modelo outsourcing han facilitado la toma de decisión, fundamental para lograr un mejoramiento continuo en sus procesos y afrontar situaciones empresariales que facilitan el mejoramiento de la compañía, a partir de la flexibilidad, la especialidad, adelanto tecnológico y demás razones de peso para llevar a un tercero a integrar una parte de la estrategia gerencial,

Adicionalmente, los datos que aporta a esta investigación son importantes para determinar una maniobra adecuada que incentive la ventaja competitiva dentro de las organizaciones en la actualidad. Es importante visualizar la manera cómo los costos pueden condicionar las propuestas de implementación para que sean atractivas, manteniendo una postura hacia la reducción de aquellos valores que entorpecen la propia gestión empresarial; en otras palabras, el modelo outsourcing puede llegar a ser una opción válida si el proceso tercerizado disminuye favorablemente los costos de la organización. Esta puede ser una estrategia que permita diferenciarse de los competidores y podría funcionar de cara al aumento y concentración de la gestión gerencial, al dedicarse al *core* propio del negocio.

El diseño de cualquier estrategia para la consolidación de las metodologías tercerizadas, disponen de una fuente importante de información a partir de los resultados de esta investigación, pues contribuye a identificar la implementación del modelo outsourcing y su relación en el desarrollo organizacional de las compañas en Panamá.

Recomendaciones

En primer lugar, se recomienda llevar a cabo un estudio que involucre a las organizaciones a nivel nacional, que integre cada una de las provincias de Panamá y se logre analizar mucho mejor el fenómeno de las organizaciones tercerizadas.

En segundo lugar, determinar qué otros factores del DO pueden mejorar con la implementación de un modelo tercerizado en una compañía.

En tercer lugar, analizar el impacto financiero real por medio de una nueva investigación que determine las áreas contables que resultan beneficiadas con a la implementación de un modelo Outsourcing.

En cuarto lugar, identificar los tipos de Outsourcing que se han implementado las empresas en las distintas provincias de Panamá y determinar cuáles han sido exitosas.

Por último, se recomienda realizar un estudio que involucre a las organizaciones más representativas y exitosas en la implementación del modelo outsourcing en las provincias de Panamá y comparar su funcionamiento, con la intención de diseñar un manual de buenas prácticas en la correcta implementación de un proceso tercerizado.

Capítulo V: Propuesta

Capítulo V.

La Propuesta

Estrategias de implementación del modelo Outsourcing

Denominación de la propuesta

Estrategias para facilitar la implementación del modelo empresarial Outsourcing en las empresas de la Ciudad de Panamá.

Descripción de la propuesta. Aspectos Teóricos Conceptuales

La presente propuesta intenta desarrollar estrategias que faciliten la implementación del modelo Outsourcing en las empresas de Panamá, construida a partir de los factores de desarrollo organizacional que involucran la *propuesta de valor*, a saber, eficiencia, el control, la toma de decisiones, mejoramiento continuo, ventaja competitiva, los costos, la diferenciación y las ventas.

El concepto de estrategia se originó en el campo militar. La palabra, en su raíz, proviene del griego *estrategos* que significa *general* y se define como la ciencia y el arte del mando militar aplicados a la planeación y conducción de operaciones de combate a gran escala. El término se fue incorporando progresivamente al mundo de los negocios, donde se utiliza generalmente para darle forma a alguna acción y para adjetivar términos como dirección, planificación y organización (González y de Pelekais, 2010).

Garrido (2006) define la estrategia como la acción encaminada a conseguir algo ansiado por varios competidores, en un momento y bajo condiciones determinadas; esta concepción la define perfectamente en el quehacer empresarial y es algo muy próximo a lo que significa estrategia en la política. Las estrategias vienen definidas por los lineamientos que orientan tanto la misión como la visión expresada en la plataforma filosófica de la organización.

En el campo de la administración, la estrategia es el patrón o plan que integra las principales metas y políticas de una organización y, a la vez, establece la secuencia coherente de las acciones a realizar. Una estrategia adecuadamente formulada ayuda a poner orden y asignar, con base tanto en sus atributos como en sus deficiencias internas, los recursos de una organización, con el fin de lograr una situación viable y original, así como anticipar los posibles cambios en el entorno y las acciones imprevistas de los oponentes inteligentes (Mintzberg & Quinn, 1993). Es la determinación de las metas y objetivos de una empresa a largo plazo, las acciones a emprender y la asignación de recursos necesarios para el logro de dichas metas (Chandler, 1963).

Específicamente, las *estrategias competitivas* (Porter, 1990) se refieren a los cursos de acción que emprende una empresa o unidad de negocio para lograr su objetivos en situaciones coyunturales del mercado, como puede ser la aparición de competidores o nuevos entrantes, la decisión de incursionar en un nuevo mercado o la de enfrentar la aparición de productos sustitutos, entendiendo por *competitividad* a la capacidad de una organización de mantener sistemáticamente ventajas comparativas que le permitan alcanzar, sostener y mejorar una determinada posición en el entorno socioeconómico. La competitividad no es producto de una casualidad ni surge espontáneamente; se logra a través de un largo proceso de aprendizaje, así como de negociación por parte de grupos colectivos representativos que configuran la dinámica de conducta organizativa, como los accionistas, directivos, empleados, acreedores, clientes, la competencia, el mercado, el gobierno y la sociedad en general.

Estas estrategias buscan reforzar las metodologías aplicadas por las compañías terceras, así como la de cualquier organización que decida recurrir a una empresa Outsourcing para mejorar procesos internos o desligarse de la gestión de una operación dentro de sus actividades productivas.

El término *propuesta de valor* es tomado de los estudios sobre estrategia empresarial y ventaja competitiva de Porter (1990), donde se habla del concepto *Mezcla Única de Valor*. La propuesta de valor es esa mezcla única de productos, servicios, beneficios y valores agregados que la institución le ofrece a los clientes, y que la hacen una oferta diferente en el mercado.

La ventaja competitiva nace fundamentalmente del valor que una empresa logra crear para sus clientes y que supera los costos de ello. El valor es lo que la gente está dispuesta a pagar y el valor superior se obtiene al ofrecer precios más bajos que la competencia por beneficios equivalentes o especiales que compensan con creces un precio más elevado (Porter, 1990, p. 2–3).

Las organizaciones seleccionan uno o más atributos que muchos compradores perciben como importantes y satisfacen esas necesidades de manera exclusiva. En este sentido, es importante que las compañías terceras busquen firmemente potenciar la singularidad de la marca en la manera de presentar sus procesos y proyectos de tercerización, sostengan una idea firme en las distintas formas de presentar los procesos, abriendo posibilidades para nuevas oportunidades de negocio.

Es por ello que se retoman los conceptos de cada uno de los aspectos de desarrollo organizacional anteriormente abordados en el Capítulo II, Marco Teórico, para identificar las estrategias en cada uno de ellos, con sus respectivas actividades, de manera que faciliten la implementación de modelo Outsourcing.

Fundamentación

Las organizaciones deben asumir que, en la época actual, determinada por los cambios constantes producto de los avances tecnológicos y la globalización, existen instituciones que pueden colaborar en la generación de beneficios para el desarrollo organizacional y al logro de las metas y objetivos corporativos. De manera que las propuestas de valor elaboradas por las empresas outsourcing deben ser capaces de hacer la diferencia, llamar la atención del medio empresarial y lograr la implementación de procesos tercerizados. Para ello, deben contener los elementos necesarios que estructuren un escenario donde se mantengan un equilibrio en los costos, se busque la diferenciación y se logren ventajas competitivas y fidelidad de los clientes.

Si se oferta una propuesta de valor equilibrada dentro del marco de los *costos*, entendidos como las erogaciones y causas que son efectuadas en el área de producción, necesarios para fabricar un artículo o prestar un servicio (Polo, 2015), podría resultar atractiva para las compañías, que no dudarían en querer implementar, dentro de sus operaciones, un proceso que no representa un costo adicional, pero que puede aportar valor al propio crecimiento corporativo.

La *diferenciación* hace referencia a las dimensiones que son ampliamente valoradas por los compradores y que hacen que una empresa sea única. Surgen de la manera original de crear valor en el comprador de un bien o servicio, siendo fundamental para que se forme la ventaja competitiva, entendida ésta como la capacidad de crear valor para sus compradores (Porter, 1990).

Con relación a *valor* se hace referencia a la oferta de productos o servicios a precios más bajos, pero con beneficios similares a la competencia o precios altos, pero con beneficios únicos (Sigalas, 2015).

Por otra parte, la importancia de la *ventaja competitiva* en las organizaciones radica principalmente en el hecho mismo de la competencia, por lo que es indispensable estar alertas y desarrollar factores y acciones que permitan aventajar a sus competidores y mantener la vanguardia del mercado (Chuquimarca, et al, 2019).

Es clave que las estrategias de implementación del modelo Outsourcing, mantengan una clara relación entre propuesta de valor, costo, diferenciación, y ventaja competitiva, de tal manera que fortalezca la oferta final del servicio tercerizado.

Objetivos de la propuesta

Objetivo general

Diseñar estrategias que facilite la implementación del modelo empresarial Outsourcing en las empresas de Ciudad de Panamá.

Objetivos específicos

Diseñar estrategias de implementación del modelo Outsourcing relacionadas a la eficiencia organizacional.

Diseñar estrategias de implementación del modelo Outsourcing relacionado con el control organizacional.

Diseñar estrategias de implementación del modelo Outsourcing relacionado con la toma de decisiones.

Diseñar estrategias de implementación del modelo Outsourcing relacionado con el mejoramiento continuo de la organización.

Diseñar estrategias de implementación del modelo Outsourcing relacionado con la ventaja competitiva de la organización

Diseñar estrategias de implementación del modelo Outsourcing relacionado con los costos de la organización.

Diseñar estrategias de implementación del modelo Outsourcing relacionado con la diferenciación de la organización.

Diseñar estrategias de implementación del modelo Outsourcing relacionado con el aumento de las ventas de la organización. Plantear estrategias para generar fidelización en los clientes actuales de la empresa Outsourcing

Diseño de las Estrategias

Estrategia de implementación del modelo Outsourcing relacionadas a la eficiencia organizacional

Eficiencia significa operar de modo que los recursos sean utilizados de forma más adecuada (Da Silva, 2002). Tomando en consideración este concepto, es importante determinar las actividades que deben asumirse desde las dos ópticas empresariales: proveedor y cliente.

El proveedor del servicio tercero debe asegurarse de cumplir con las siguientes actividades que permitan generar mejoras en la eficiencia de la organización:

– Identificar el alcance del proceso o servicio a cubrir.
– Determinar los procedimientos adecuados para suplir la demanda del proceso o servicio.
– Implementar un proceso basado en normas técnicas (ISO)
– Generar los registros y documentación necesaria del proceso.
– Elaborar un plan de cumplimiento de las actividades programadas.
– Diseñar indicadores de medición de la gestión de las operaciones en compañía del cliente.
– Generar un plan de seguimiento y mejoramiento a los resultados de los indicadores.
– Realizar reuniones periódicas de seguimiento y evaluación de la gestión y avance del proceso junto con el cliente.

En tanto que el cliente debe realizar las siguientes actividades con el fin de asegurar la eficiencia en la organización:

– Realizar un análisis previo a la implementación del servicio o proceso Outsourcing que soporte la viabilidad o necesidad del mismo.
– Identificar las necesidades que la organización debe cubrir o mejorar.
– Generar metodologías contractuales que permita ajustar el proceso a las reglamentaciones locales.

- Buscar los proveedores adecuados de acuerdo a su necesidad. Tratar de encontrar siempre la mejor opción (calidad, valor agregado, especialidad, costo).
- Generar métodos de control adecuados para monitorear la gestión del proveedor.
- Revisar constantemente la oferta de valor de los proveedores en el mercado.
- Mantener una relación constante con la dirección del proveedor.
- Integrar al proveedor en los procesos de desarrollo y gestión de la organización.
- Gestionar los planes de mejoramiento y velar por que se cumplan.

La supervisión de las actividades anteriores asegura el impacto en la eficiencia de la compañía demandante del servicio y la propia implementación del modelo.

Estrategia de implementación del modelo Outsourcing relacionadas con el control organizacional

El control es el proceso a través del cual se regulan las actividades para asegurar su cumplimiento, de acuerdo a la planificación previamente establecida, y poder corregir cualquier desviación significativa (Robbins & Judge, 2009).

Desde la óptica de proveedor del servicio Outsourcing, debe asegurar el cumplimiento de las siguientes actividades que le permite controlar adecuadamente el proceso tercerizado para el que fue contratado:

- Asegurar que exista un contrato que defina el alcance de las responsabilidades de ambas partes.
- Crear un programa de control relacionado con cada punto de la programación establecida, que determine los resultados de las operaciones en relación a la gestión del cliente.
- Generar filtros de revisión que vaya en concordancia con las responsabilidades pactadas.
- Revisar la gestión total de proceso, que involucre costos, operaciones y demás, diseñando una metodología que permita identificar cualquier desviación de la labor encomendada.

Desde la posición de cliente, las siguientes actividades le permiten ejercer un control adecuado de los aspectos contractuales del proceso tercerizado:

- Vigilar que exista el contrato donde se detalle el alcance del proveedor.

- Exigir lo estipulado en el contrato.
- Verificar los componentes de la operación (costos, operación, procesos), y asegurarse que se encuentran dentro del marco de lo convenido.
- Realizar evaluaciones que permitan identificar que el proveedor cumple con las reglamentaciones de ley.
- Programar reuniones periódicas de seguimiento y revisión de los temas trascendentales del proceso tercerizado.

Asegurar que estas actividades se lleven a cabo, permitirá a la organización contratante mejorar el proceso de implementación y el control organizacional de la compañía.

Estrategia de implementación del modelo Outsourcing relacionadas con la toma de decisiones

La toma de decisiones es el proceso de análisis y elección entre alternativas disponibles de cursos de acción que los directivos, gerentes o ejecutivos deben elegir (Chiavenato, 2002).

Para mejorar este aspecto y mantener una relación basada en la confianza, el proveedor de los servicios debe asegurar que se cumplan con las siguientes actividades:

- Documentar todas las operaciones y obligaciones para lo cual fue contratado.
- Utilizar herramientas tecnológicas que le permita dar seguimiento a los procesos llevados a cabo.
- Genere un informe de la gestión de acuerdo a los datos suministrados del proceso.
- Evidenciar cada una de las decisiones tomadas con soportes en la información estadística.

Desde la posición del cliente, es importante llevar a cabo las siguientes actividades relacionadas al fortalecimiento de la toma de decisiones:

- Exigir información estadística de los resultados de las operaciones de parte del proveedor.
- Considerar la información estadística para tomar las propias decisiones de trabajo.
- Generar un equipo base de trabajo donde se puedan analizar las distintas decisiones de los procesos de la organización.

– Tomar las decisiones más lógicas, sustentadas en la información estadística.

Llevar a cabo estas actividades contribuyen a que la implementación del modelo outsourcing asegure un óptimo resultado que efectivamente apoye la toma de decisiones.

Estrategia de implementación del modelo Outsourcing relacionadas con el mejoramiento continuo de la organización

El mejoramiento continuo es consecuencia de una forma ordenada de administrar y mejorar los procesos, identificando causas y restricciones (Gutiérrez, 2010).

Es necesario que los procesos de outsourcing aprobados y desarrollados se encuentren dentro de los parámetros de calidad y estén amparados y certificados bajo algún sistema de normas. Existen varios sistemas que permiten asegurar que las operaciones y actividades se lleven a cabo en el marco de una referencia técnica y controlada. En partícula, la Norma ISO (International Organization for Standardization u Organización Internacional de Normalización), busca coordinar el sistema de estándares internacionales, basada en algunos principios clave para la gestión de la calidad: enfoque al cliente, liderazgo, participación del personal, enfoque basado en procesos, mejora continua, enfoque basado en hechos para la toma de decisiones y relaciones beneficiosas con el proveedor (Del Castillo y Sardi, 2012).

Estas normas están basadas en la gestión de calidad de los procesos, por lo que es importante que las empresas Outsourcing regulen y adapten sus operaciones a estas herramientas de mejoramiento, para garantizar seguridad y confianza a los posibles clientes.

En este aspecto es importante que se cumplan con las siguientes actividades desde la óptica del proveedor de los servicios:

– Aplicar de un sistema de gestión de la calidad.
– Lograr la certificación de un sistema de gestión de calidad.
– Dar seguimiento a los procesos y programas de la compañía
– Dar seguimiento a los indicadores de gestión de la compañía.
– Dar seguimiento y ejecutar acciones de corrección y mejoramiento de los procesos.

En tanto, desde la perspectiva del cliente, se deben impulsar las siguientes acciones:

- Generar un plan de seguimiento a las operaciones.
- Añadir a los procesos de mejoramiento internos, los servicios tercerizados contratados.
- Aplicar evaluaciones periódicas a los procesos y servicios contratados.
- Generar un espacio de mejoramiento entre proveedor/cliente.

Las actividades anteriores contribuyen a la implementación adecuada del modelo outsourcing y al mejoramiento continuo de la organización.

Estrategia de implementación del modelo Outsourcing relacionadas con la ventaja competitiva de la organización

La ventaja competitiva es la capacidad de crear valor para los compradores. El valor hace referencia a ofertar productos o servicios a precios más bajos, pero con beneficios similares a la competencia o precios altos, pero con beneficios únicos (Porter, 1990).

Es importante que la empresa tercera detalle las cualidades que garantizan que los procesos que pueden ejecutar, son de apoyo significativo para ganar mercado frente a los competidores y ser sobresaliente.

Las siguientes actividades contribuyen al desarrollo de este aspecto, desde el proveedor del servicio:

- Identificar las fortalezas y compartirlas con el cliente.
- Mantener una política de precios justos.
- Capacitar al personal centrado en la tecnificación de la operación.
- Usar de tecnología de punta.
- Fortalecer de la relación cliente/proveedor.

Desde la perspectiva del cliente o usuario del modelo Outsourcing, las acciones a emprender son las siguientes:

- Mantener un seguimiento oportuno de los procesos contratados.
- Mantener una constante revisión y comparación de los costos de los servicios y procesos terceros.
- Revisar la oferta de valor del medio o servicios contratados.
- Identificar los beneficios de otros procesos y renegociar constantemente.

Estrategia de implementación del modelo Outsourcing relacionadas con los costos de la organización

El costo es fundamental al momento de analizar la implementación del modelo outsourcing. Aunque debe estar dentro de los parámetros que marca el mercado, es importante que la oferta represente el valor del servicio que se ofrece. Una de las diferencias principales del costo de los servicios frente al costo de otras actividades productivas, es que los primeros, en su mayoría, no presentan un costo material dada su naturaleza intangible, donde el costo interno yace en gran medida del valor agregado del servicio, que a su vez es producido por la capacidad de análisis y el conocimiento de quien lo presta recibiendo una remuneración como contraprestación (Córdova y Moreno, 2017).

Es determinante que el costo por llevar a cabo una operación, haga uso al máximo de los recursos, de tal forma que no represente un valor adicional de cara a la competencia real que se origina al momento de buscar posibles clientes en el mercado.

Se deben gestionar las siguientes actividades, desde la perspectiva de la oferta del servicio, para fortalecer la implementación del modelo outsourcing en relación a los costos:

- Mantener en constante revisión los valores y precios del mercado.
- Sostener una política de austeridad y control de gastos.
- Revisar los centros de costo de cada proceso.
- Maximizar los recursos.
- Reducir gastos innecesarios.
- Flexibilizar los periodos de pago.

Desde la posición del cliente o usuario del modelo Outsourcing:

- Comparar el costo del servicio constantemente en el mercado.
- Identificar desviaciones de los valores contratados.
- Proponer ajustes a los valores fuera de parámetros.
- Oportunidad de destinar ahorros a otras secciones de empresa.
- Revisión de costos ocultos.

Estrategia de implementación del modelo Outsourcing relacionadas con la diferenciación de la organización

La diferenciación puede entenderse como aquellas dimensiones de una organización que son ampliamente valoradas por los compradores y que la hacen única en su sector, y surgen de crear, de manera única, el valor en el comprador de un bien o servicio (Porter, 1990).

En este aspecto, las empresas outsourcing deben proporcionar a sus clientes las capacidades que le brinden una ventaja clara sobre la competencia en el mercado. Temas como el suministro de herramientas tecnológicas y la flexibilidad en recursos técnicos y humanos, entre otros, mantienen una posición y ambiente favorable para que, diariamente, se nutra la relación proveedor/cliente.

Se deben tener en cuenta las siguientes actividades, desde la instancia de proveedor, para contribuir con el desarrollo de la diferenciación:

- Crear un portafolio de servicios que sea compartido al cliente o usuario, resaltando las bondades de la organización.
- Usar tecnología de punta.
- Utilizar procesos tecnificados.
- Flexibilizar la mano de obra.

Desde la perspectiva del cliente o usuario del modelo Outsourcing:

- Analizar el personal y el servicio especializado.
- Verificar el soporte legal y financiero.
- Comparar lo ofrecido vs lo ejecutado.
- Comprobar el valor agregado.

Estrategia de implementación del modelo Outsourcing relacionadas con el aumento de las ventas de la organización

La venta puede definirse como cualquier esfuerzo o proceso cuyo objetivo primordial es otorgar un producto o servicio a cambio de papel moneda (Foster, 1994).

Para mejorar éste aspecto, y mantener una posición basada en la confianza, se debe cumplir con las siguientes actividades, desde la óptica del proveedor dl servicio:

- Asegurar ser el complemento de la empresa contratante.
- Asegurar la adecuada implementación de los procesos contratados, que permita al contratante desligarse del mismo.

– Cumplir con la promesa de servicio.

Desde la perspectiva del cliente o usuario del modelo Outsourcing, se debe cumplir con las siguientes acciones:

– Entregar responsabilidades al proveedor que le permitan concentrarse en su propio negocio.
– Facilitar información del proceso para su beneficio propio.

Para que una propuesta de servicio de una empresa Outsourcing pueda ser considerada en el mercado, es importante que, tanto el contenido como su presentación, estén estructurados adecuadamente, de manera que se convierta en una opción válida para las organizaciones contratantes.

Desarrollar una adecuada estrategia de implementación de un proceso Outsourcing, se encuentra ligada directamente a la disponibilidad y capacidad de cambio que una organización se plantee como fórmula de gestión corporativa. Para cualquier necesidad o limitante que exista en una entidad, la fórmula que permite una salida inteligente y simple, gira en torno a la credibilidad centrada en la gestión de la tercerización.

Referencias

Referencias Bibliográficas

Almanza, M. y Archundia, E. (2015). *El outsourcing y la planeación fiscal en México*. Eumet. https://www.eumed.net/libros-gratis/2015/1452/index.htm

Amiti, M. y Wei, S. (2004). La externalización desmitificada. *Finanzas & Desarrollo*, Diciembre, 2004. https://www.imf.org/external/pubs/ft/fandd/spa/2004/12/pdf/amiti.pdf

Arbeláez, G. y Patiño, C. (2010). La otra cara del Outsourcing. Un caso para la reflexión. *Revista Gestión y Desarrollo*. Volumen 7. No. 1. Enero-Junio. https://www.usbcali.edu.co/sites/default/files/11-gestionydesarrollo.pdf

Arce, F.; Chacón, L. y España, C. (2017). El outsourcing como estrategia de eficiencia: Tres estudios de caso en Costa Rica. *Respaldo: Revista Internacional de Administración de Oficinas y Educación Comercial*. Volumen 3, Número 1, pp. 63-89. https://www.revistas.una.ac.cr/index.php/respaldo/article/view/9652

Arias, F. (2012). *Proyecto de investigación: introducción a la metodología científica*. (5ta ed.) Espíteme.

Astudillo, J. (2007). *Manual de procedimientos para la implantación de un servicio multisourcing para el desarrollo y mantención de software* [Tesis de Maestría. Pontificia Universidad Católica de Valparaíso]. Bibliotecas PUCV. http://opac.pucv.cl/pucv_txt/txt-6500/UCM6631_01.pdf

Balestrini, M. (2012). *Cómo elaborar un proyecto de investigación*. Consultores Asociados.

Bedoya, D. (2018). Outsourcing: beneficios vs. Riesgos. *Perspectiva Empresarial*, 5(2), 101-112. https://doi.org/10.16967/rpe.v5n2a7

Bolaños, R. (2011). El desarrollo organizacional como estrategia para la modernización en la administración pública. *Revista Nacional de Administración*, 2 (1), pp. 135-144 Enero-Junio.

Bravo, E. (2018). *Modelo de outsourcing para la gestión del talento humano para las pequeñas empresas de Ambato* [Tesis de Maestría. Pontificia

Universidad Católica del Ecuador]. Repositorio Pucesa. https://repositorio.pucesa.edu.ec/handle/123456789/2273

Brown, D. & Scott, W. (2005). *The Black Book of Outsourcing*, Wiley.

Carreño, A. y Lavín, F. (2003). *Proposición de un modelo de outsourcing para la función de recursos humanos*. [Tesis no publicada de MBA, Universidad de Santiago de Chile]. Archivo Digital. http://www.scielo.org .co/scieloOrg/php/reflinks.php?refpid=S0123-592320080002000500008 &lng=en&pid=S0123-59232008000200005

Cartagena, D. (2018). *Efectos de la implementación del outsourcing en los principales actores de las organizaciones en Colombia*. [Tesis de Grado. Universidad de San Buenaventura]. Biblioteca Digital. http://biblioteca digital.usb.edu.co/bitstream/10819/5751/3/Efectos_Implementacion_Outs ourcing_Cartagena_2018.pdf

Casas, J.; Repullo, J. y Donado, J. (2003). La encuesta como técnica de investigación. Elaboración de cuestionarios y tratamiento estadístico de los datos (I). *Atención Primaria*. Volumen 31, pp. 527-538. https://doi.org /10.1016/S0212-6567(03)70728-8

Chandler, A. (1963). Strategy and Structure. Chapters in the History of the Industrial Enterprise. The M.I.T. Press.

Chase, R. Jacobs, F. y Aquilano, N. (2005). *Administración de la producción y operaciones para una ventaja competitiva*. (10ª Ed.). Mc Graw Hill.

Chávez, N. (1994). *Introducción a la investigación educativa*. Ediluz.

Chiavenato, I. (2002). *Administración en los nuevos tiempos*. Mc Graw Hill.

Chuquimarca, C.; Lincango, J. y Taco, J. (2019). Estudio de la importancia de la ventaja competitiva en las organizaciones. *Revista electrónica TAMBARA*, Edición 9, N° 52, pp. 718-731, Agosto- Noviembre. http://tambara.org/ wp-content/uploads/2019/09/4.importa_ventaj_competit_organizac_ FINAL.pdf

Córdova, C. y Moreno, D. (2017). La importancia de una buena estrategia de fijación de precios como herramienta de penetración de mercados.

Tendencias. Vol. XVIII, N° 2, 2do Semestre, Julio-Diciembre, Pp. 58-68.
http://www.scielo.org.co/pdf/tend/v18n2/v18n2a04.pdf

Cornejo, V. (2006). Del empowerment al outsourcing como estrategia de
crecimiento. *Ciencia y Desarrollo*. Vol. 7. http://dx.doi.org/10.21503/cyd
.v7i0.1191

Corral, M. (2012). Outsourcing, impacto financiero y herramienta de
transformación. *Estrategia Financiera*, N° 212, págs. 48-52.
https://dialnet.unirioja.es/servlet/articulo?codigo=1050736

Cortese, A. (2018, 9 de septiembre). *Trabajo en Equipo: Descubriendo el Talento
Colectivo*. Liderazgo y Mercadeo. https://liderazgoymercadeo.co/
descubriendo-el-talento-colectivo/

Cuenya, L. y Ruetti, E. (2010). Controversias epistemológicas y metodológicas
entre el paradigma cualitativo y cuantitativo en psicología. *Revista
Colombiana de Psicología*, vol. 19, núm. 2, julio-diciembre, pp. 271-277.
https://www.redalyc.org/pdf/804/80415435009.pdf

Da Silva, R. (2002). *Teorías de la administración* (1era Edic). International
Thomson Editors.

Del Castillo, A. y Sardi, N. (2012). Las normas ISO y el concepto de calidad
aplicado a los servicios médicos en anestesiología. *Revista Colombiana de
Anestesiología*, 40 (1), pp. 14-16. http://www.scielo.org.co/pdf/rca/v40n1
/v40n1a05.pdf

Deloitte LLP (2016). *Deloitte's 2016 Global Outsourcing Survey*.
https://www2.deloitte.com/content/dam/Deloitte/nl/Documents/operations
/deloitte-nl-s&o-global-outsourcing-survey.pdf

Duque, J.; González, C. y García, M. (2014). Outsourcing y Business Process
Outsourcing desde la Teoría Económica de la Agencia. *Entramado*, Vol.
10, núm. 1, enero-junio, pp. 12-29. http://www.scielo.org.co/pdf/entra/v1
0n1/v10n1a02.pdf

Ellram, L. & Billington, C. (2001). Purchasing leverage considerations in the
outsourcing decision. European Journal of Purchasing & Supply
Management 7 (2001) 15–27. http://citeseerx.ist.psu.edu/viewdoc/downlo

ad;jsessionid=5F387A0AA54F2AA72E205ACB73E9B75F?doi=10.1.1.6
28.6654&rep=rep1&type=pdf

Espino, T. (2003). El outsourcing y su influencia en los objetivos de la estrategia de operaciones. Una aplicación empírica. Cuadernos de Gestión, vol. 3, núm. 1-2, 2003, pp. 83-99. https://www.redalyc.org/pdf/2743/2743230 95005.pdf

Faria de Melo, F. (1983). *Desarrollo organizacional: enfoque integral.* Limusa.

Flores, M. (2004). Implicaciones de los paradigmas de investigación en la práctica educativa. *Revista Digital Universitaria*, 5 (1), 2-9.

Foster, D. (1994). *Ventas y mercadotecnia para el profesional del turismo.* McGraw-Hill.

Fracica (1988). *Modelo de simulación en muestreo.* Universidad de la Sabana.

Ganga, F. y Toro, I. (2008). Externalización de funciones: algunas reflexiones teóricas. *Estudios Gerenciales*, vol. 24, núm. 107, abril-junio, pp. 107-135. https://www.redalyc.org/articulo.oa?id=21210705

Garbanzo, G. (2016). Desarrollo organizacional y los procesos de cambio en las instituciones educativas, un reto de la gestión de la educación. *Educación.* Vol. 40, núm. 1, pp. 67-87.

García, B.; Gallardo, K. y Ayón, S. (2012). ¿Es la subcontratación de personal como modelo operativo una ventaja competitiva en las organizaciones? *Revista Internacional Administracion & Finanzas*, Vol. 5 (5), pp. 57-70. https://papers.ssrn.com/sol3/papers.cfm?abstract_id=2094702

García, C. (2019, 11 de abril). *La tercerización, un modelo que promete salvar la economía colombiana.* RCN Radio. https://www.rcnradio.com/estilo-de-vida/la-tercerizacion-un-modelo-que-promete-salvar-la-economia-colombiana

Garrido, S. (2006). *Dirección Estratégica* (Segunda edición). Mc Graw Hill.

Gil, A. y Osorio, C. (2014). Externalización de la información tecnológica, externalización del proceso de negociación, y externalización del proceso del conocimiento. *Revista Páginas.* N° 96, pp. 177 – 192, Julio–Diciembre.

https://biblioteca.ucp.edu.co/ojs/index.php/paginas/article/view/2595/253
2

Gómez, I. (2016). *Desarrollo organizacional. Caso de estudio: bodega "La Rural"* [Teis de Pregrado]. Biblioteca Digital Uncuyo. https://bdigital. uncu.edu.ar/objetos_digitales/8364/gomez-ignacio.pdf

González, M. y de Pelekais, C. (2010). Estrategias gerenciales en el marco de las competencias tecnológicas para el desarrollo de televisoras educativas universitarias. *Telos*, vol. 12, núm. 3, septiembre-diciembre, pp. 342-359.

Greaver, M. (1999). Strategic Outsourcing: A Structured Approach to Outsourcing Decisions and Initiatives. Amacom.

Grisanti, A. (2016). Outsourcing. Herramienta útil para las organizaciones empresariales. *Visión Gerencial*. Año 15 Nº 1 Enero – junio. Pp. 138 – 154. http://epublica.saber.ula.ve/index.php/visiongerencial/article/view File/7146/7015

Guizar, R. (2013). *Desarrollo organizacional. Principios y aplicaciones*. Cuarta edición. McGraw-Hill/Interamericana Editores, S.A. de C.V.

Gutiérrez, H. (2010). *Calidad total y productividad* (3era Edic). McGraw-Hill.

Hernández, R.; Fernández, C. y Baptista, M. (2014). *Metodología de la Investigación*. (6ta Edición). McGraw-Hill. México.

Hernando, G. y Caro, M. (2005). La práctica empresarial del outsourcing: revisión conceptual y aproximación empírica. *IDUS*, Deposito de Investigación Universidad de Sevilla. https://idus.us.es/bitstream/handle/ 11441/80992/La_practica_empresarial_del_outsourcing.pdf?sequence=1 &isAllowed=y

Hidalgo, A; López, V. y Granda, I. (2013). *El outsourcing factor clave de competitividad*. AVANZA S.A.

Howell, K. (2017, 18 de abril). *El outsourcing en Latinoamérica*. Gedeth Netword. https://www.gedeth.com/blog/2017/04/18/el-outsourcing-en-lati noamerica/

Hurtado, I. y Toro, J. (2005). *Paradigmas y métodos de investigación en tiempos de cambio*. Episteme.

Hurtado, J. (2000). *Metodología de la investigación Holística*. Fundación Sypal.

Iranzo, C. y Richter, J. (2005). La subcontratación laboral. Bomba de tiempo en contra de la paz social. *Centro de Estudios del Desarrollo* (Cendes).

Koontz, H., Weihrich, H. & Cannice, M. (2012). *Administración una Perspectiva Global y Empresarial* (14ª Ed.). McGraw Hill.

Lacity, M. C. (1993). The Information Systems Outsourcing. *Sloan Management Review*, 35, 73–86.

Lara y Martínez (2002). Outsourcing en las unidades de información de las organizaciones. *El profesional de la información*, vol. 11, n 3, mayo-junio, pp. 164171. http://profesionaldelainformacion.com/contenidos/2002 /mayo/1.pdf

López, E. R. (1999). Externalización: Más allá de la subcontratación. [Ponencia]. *XIII Congreso Nacional, IX Congreso Hispano-Francés*. https://dialnet.unirioja.es/servlet/articulo?codigo=565287

López, P. y Fachelli, S. (2015). *Metodología de la investigación social cuantitativa*. Creative Commons.

Luna, A. (2014). *Administración estratégica*. México. Patria.

Luna, N. (2011). *Fundamentos del Outsourcing. Tendente estrategia empresarial.* https://www.academia.edu/37211281/Fundamentos_del_O utsourcing_Tendente_estrategia_empresarial

Luque, J., Marín, L. y Salcedo, G. (2015). La Tercerización/Outsourcing como Estrategia Organizacional: Revisión del Estado del Arte. [Tesis de Maestría] *Repositorio UTB*. https://repositorio.utb.edu.co/handle/20.500. 12585/3318

Maldonado, F. (2006). Outsourcing y libre comercio: ¿Dilema para Smith y Ricardo? *Actualidad Contable Faces*, vol. 9, núm. 13, julio-diciembre, pp. 166-174. https://www.redalyc.org/pdf/257/25701314.pdf

Martínez, R.; Tuya, L.; Martínez, M.; Pérez, A. y Cánovas, A. (2009). El coeficiente de correlación de los rangos de spearman. Caracterización. *Revista Habanera de Ciencias Médicas*, Vol.8 N° 2, abr.-jun. http://scielo .sld.cu/scielo.php?script=sci_arttext&pid=S1729-519X2009000200017

Mata, P.; Reynoso, F. y Salazar, A. (2006). Conceptos básicos de estadística descriptiva útiles para el médico. *Revista Hospital General Dr. M Gea González*, Vol 7, No. 1, Enero-Abril, pp. 42-46. https://www.medigraphic. com/pdfs/h-gea/gg-2006/gg061i.pdf

Meneses, J. (2016). *El Cuestionario*. Universitat Oberta de Catalunya. http://femrecerca.cat/meneses/publication/cuestionario/cuestionario.pdf

Mintzberg, H. & Quinn, J. (1993). *El proceso estratégico. Conceptos, contextos y casos*. Prentice Hall Hispanoamérica.

Mondy, R. (2005). *Administración de Recursos Humanos*. (9ª Ed.). Pearson Prentice Hall.

Morán, A. (2015, 10 de Septiembre). *Tercerización de TI seduce a empresas*. https://www.estamosenlinea.com.ve/2015/09/10/tercerizacion-de-ti-seduce-a-empresas/

Moreno, E. (2013). *Importancia de hipótesis en una investigación*.

Morgado, E (2013). El outsourcing en la legislación chilena. *Revista Latinoamericana de Derecho Social*, N°.17, julio/diciembre, pp. 293-300. http://www.scielo.org.mx/pdf/rlds/n17/1870-4670-rlds-17-293.pdf

Muñoz, C. (1998) *Cómo elaborar y asesorar una investigación de tesis*. México, Prentice Hall.

Murgas, R. (2014). Qué es el outsourcing. Ventajas y desventajas de la subcontratación [Ponencia]. *IX Congreso Iberoamericano de Derecho del Trabajo y de la Seguridad Social de la Aijdtssg*. Guatemala, 26 al 28 de febrero de 2014. https://docplayer.es/10864369-Que-es-el-outsourcing-ventajas-y-desventajas-de-la-subcontratacion.html

Ovalle, A. M., & Forero, Y. (2012). Caracterización del outsourcing en las empresas de Manizales y municipios aledaños. *Ingeniería industrial* (2), 87 - 100.

Oviedo, H y Campo, A (2005). Aproximación al uso del coeficiente alfa de Cronbach. *Revista Colombiana de Psiquiatría*, vol. XXXIV / No. 4. Bogotá. http://www.scielo.org.co/pdf/rcp/v34n4/v34n4a09.pdf

Padrón, J. (2011). Paradigmas de investigación en Ciencias Sociales. Un enfoque curricular. Caracas. http://padron.entretemas.com/paradigmas .htm.

Palella, S y Martins, F. (2010). *Metodología de la investigación cuantitativa.* Edición. FEDUPEL. Caracas.

Parasuraman, A.; Berry, 1. y Zeithaml, V. (1991). Refinement and reassessment of the ServQual Scale. *Journal of Retailing,* 67(4), 420-450.

Pasquel, J. (2007). *Outsourcing: una metodología de negocios para la rentabilidad y competitividad en el sector textil peruano* [Tesis pregrado]. Archivo Digital. https://core.ac.uk/download/pdf/323351892.pdf

Pérez, J. (2015). El Positivismo y la Investigación Científica. Revista Empresarial, ICE-FEE-UCSG. Edic. N° 35. Julio-Septiembre. Vol. 9. N° 3. Pp. 29-34. https://dialnet.unirioja.es/descarga/articulo/6419741.pdf.

Pinto, M. (2012). *Desarrollo organizacional.* Red Tercer Milenio S.C. https://docplayer.es/18162867-Desarrollo-organizacional.html

Polo, B. (2015). *Contabilidad de costos en la alta gerencia.* Grupo Editorial Nueva Legislación.

Porter, M. (1990). *Ventaja competitiva. Creación y sostenimiento de un desempeño superior.* Compañía Editorial Continental.

Quintana, M. (2006). Nuevas tendencias en Outsourcing de recursos humanos. Revista Cultura, N° 20. Pp. 487-504. https://www.revistacultura.com.pe /revistas/RCU_20_1_nuevas-tendencias-en-outsourcing-de-recursos-humanos.pdf

Ramírez, R. (2014). La Naturaleza Juridica de la Externalización (outsourcing) de Procesos de Conocimiento como Contrato Unitario Relacional [Tesis Doctoral. Universidad de Alicante]. RUA. Repositorio Institucional de la Universidad de Alicante. https://rua.ua.es/dspace/bitstream/10045/62415 /1/tesis_ramirez_herrera.pdf

Resolución N° 001 por el cual se adopta y aprueba la estructura organizativa y el manual de organización y funciones de la autoridad de la micro, pequeña y mediana empresa (ampyme). (2011, 14 de enero) Autoridad de la Micro, Pequeña y Mediana Empresa (AMPYME). Gaceta Oficial N° 26707-B.

https://www.gacetaoficial.gob.pa/pdfTemp/26707_B/GacetaNo_26707b_
20110124.pdf

Rivo, E. (1999). Externalización: Más allá de la subcontratación. En Ayala, J. (Coord.). *XIII Congreso Nacional, IX Congreso Hispano-Francés*. Logroño (La Rioja), 16, 17 y 18 de junio, 1999. Pp. 725-730. https://dialnet.unirioja.es/servlet/articulo?codigo=565287

Robbins, S. & Judge, T. (2009). *Comportamiento organizacional* (Decimotercera edición). Pearson.

Rojas, R. (2013). *Guía para realizar investigaciones sociales*. México, D.F. Plaza y Valdés, S. A. de C.V.

Romero, J. (2003). La externalización de actividades laborales (outsourcing). *Revista de Ciencias Jurídicas*. N° 102. https://revistas.ucr.ac.cr/index .php/juridicas/article/view/13379

Rothery, B. & Robertson, I. (1996). Outsourcing. Editorial Limusa.

Sabino, C. (1992). *El proceso de investigación*. Ed. Panapo.

Salkind, N. (1998). Métodos de Investigación. México, D.F: Prentice Hall.

Sánchez, G. (2009). El desarrollo organizacional: una estrategia de cambio para las instituciones documentales. *Anales de Documentación*, núm. 12, pp. 235-254. https://revistas.um.es/analesdoc/article/view/70351/67821

Schneider, B. (2004). *Outsourcing. La herramienta de gestión que revoluciona el mundo de los negocios*. Grupo Editorial Norma.

Sierra, R. (2008). *Técnicas de investigación social. Teoría y ejercicios*. Thompson.

Sigalas, C. (2015). *Ventaja Competitiva: El concepto desconocido*. Gestión de la Decisión.

Tamayo, M. (2012). *El Proceso de la Investigación Científica*. (4ta Edic.). Limusa. Noriega Editores.

Tuapanta, J.; Duque, M. y Mena, A. (2017). Alfa de Cronbach para validar un Cuestionario de uso de TIC en Docentes Universitarios. *Revista mktDescubre*. N° 10 Diciembre, pp. 37 – 48. https://core.ac.uk/dow nload/pdf/234578641.pdf

Valero, S. y Salvador, R. (2008). Claves del éxito para la utilización de estrategias de Outsourcing en el área [Ponencia]. II International Conference on Industrial Engineering and Industrial Management. XII Congreso de Ingeniería de Organización. *Adingor.* http://www.adingor. es/congresos/web/uploads/cio/cio2008/INFORMATION_SYSTEMS_AN D_ICT/667-674.pdf

Vázquez, B. y Orozco, J. (2019). El outsourcing como estrategia organizacional para la competitividad [Ponencia]. Red internacional de investigadores en Competitividad. XIII Congreso. *Repositorio de la Red Internacional de Investigadores en Competitividad.* https://riico.net/index.php/riico/article /view/1876

Vieytes Rut (2004). *Metodología de la investigación en organizaciones. Mercado y sociedad: epistemología y técnicas* (1era edic.). Editorial De Las Ciencias.

Weiers, R. (1986). *Investigación de mercados*. (Trad. Rosa María Rosas Sánchez. Revi. Marcela Benassini Félix). Prentice Hall.

Werther, W & Davis, K. (2000). *Asesoría y Servicios de Administración de Recursos Humanos a la Organización.* (5ª Ed.). McGraw-Hill.

Werther, W & Davis, K. (2008). *Administración de recursos humanos. El capital humano de las empresas*. (Sexta edición). McGraw-Hill.

Yuni, J, y Urbano, C. (2014). Técnicas para investigar: recursos metodológicos para la preparación de proyectos de investigación. Volumen 1. Editorial Brujas.

Zook, C. (2007). Descubra su próximo core business. *Harvard Business Review*, Vol. 85, N°. 4, pp. 80-90.

Zorilla, S. (1996). *Guía para elaborar la tesis*. (2ª edic.). McGraw-Hill.

Anexos

Universidad del Caribe

Decanato de Investigación y Postgrado

Doctorado en Gerencia

La implementación del modelo empresarial Outsourcing y su relación en el desarrollo organizacional de las empresas de la Ciudad de Panamá.

(Fase Técnica: Validez del Instrumento)

Preparado por: Javier Eduardo Leiva L.

Septiembre de 2020

Dra. Soraya Rincón

Presente

Me dirijo a Usted en la oportunidad de saludarle y a la vez agradecerle sus buenos oficios en el sentido de servir de juez evaluador del instrumento (Cuestionario) que se ha elaborado con la finalidad de recabar información para la validez del Proyecto de Investigación titulado: **La implementación del modelo empresarial Outsourcing y su relación en el desarrollo organizacional de las empresas de la Ciudad de Panamá.**

Su valiosa función consiste en evaluar la pertinencia de las variables, dimensiones e indicadores, así como la redacción de las preguntas del instrumento de recolección de datos diseñado para recabar la información necesaria para cumplir con los objetivos planteados en la investigación.

Sin más por el momento, agradeciendo la atención prestada a la presente solicitud, quedo de Usted,

Atentamente,

Javier Eduardo Leiva Ladino

IDENTIFICACIÓN DEL EXPERTO

Nombres	Sorayda de los Ángeles
Apellidos	Rincón González
Cédula o Pasaporte	E-125183
Título o Profesión	Doctora en Ciencias Gerenciales
Institución donde labora	Independiente
Cargo	Docente- Investigadora

IDENTIFICACIÓN DE LA INVESTIGACIÓN

TITULO: La implementación del modelo empresarial Outsourcing y su relación en el desarrollo organizacional de las empresas de la Ciudad de Panamá.

OBJETIVO GENERAL: Analizar la implementación del modelo empresarial Outsourcing y su relación con el desarrollo organizacional de las empresas de la Ciudad de Panamá, Panamá.

OBJETIVOS ESPECÍFICOS:

1. Describir los tipos de procesos del modelo Outsourcing en las empresas de La Ciudad de Panamá, Panamá.

2. Analizar los factores del desarrollo organizacional en las empresas de La Ciudad de Panamá, Panamá

3. Determinar la relación de la aplicación del modelo Outsourcing con el desarrollo organizacional de las empresas de La Ciudad de Panamá. Panamá

4. Diseñar estrategias que facilite la implementación del modelo empresarial Outsourcing en las empresas de Ciudad de Panamá.

POBLACIÓN: Estará constituida por los directivos, gerentes o personal responsable de las empresas registradas en la Cámara de Comercio, Industrias y Agricultura de Panamá, Ciudad de Panamá, República de Panamá. Este ente, posee un universo total de 1.600 empresas de las cuales se tomará como población **(78)** organizaciones que mantienen implementado actualmente el Modelo Outsourcing; De estas firmas se escogieron 48 compañias y se tomará sólo un gerente de cada organización; por lo tanto, el número de empresas y el número de gerentes será el mismo **(48).**

MUESTRA: Con una confianza del 95% y 3% de grado de precisión, el tamaño de la muestra estará dada por:

n = 78

$$\frac{1.96^2\,(0.03)\,(0.95) = 48}{0.03^2\,(78\text{-}1) + 1.96^2\,(0.03)\,(0.95)} = 48$$

Luego, el tamaño de la muestra es: n ≈ **48 gerentes**

TIPO DE INSTRUMENTO: Cuestionario estructurado que será aplicado vía telefónica, con cita previa con el gerente.

EVALUACIÓN DEL EXPERTO:

1. ¿Considera que los ítems son pertinentes con el objetivo?

        Sí __X__   No _____

Observaciones: _____

_____

_____

2. ¿Considera que los ítems miden la variable?

        Sí __X__   No _____

Observaciones: _____

_____

_____

3. ¿Considera que los ítems miden las dimensiones?

              Sí __X__   No _____

Observaciones: _____

_____

_____

4. ¿Considera que los ítems miden los indicadores?

              Sí __X__   No _____

Observaciones: _____

_____

_____

5. ¿Considera válido el instrumento?

              Sí __X__   No _____

Observaciones: _____

_____

_____

FIRMA: _____

Objetivo General: Analizar la implementación del modelo empresarial outsourcing y su relación en el desarrollo organizacional de las empresas de la ciudad de Panamá					
Objetivos Específicos	Variables	Dimensión	Indicadores	ítems	Instrumento de Recolección de la Información
1- Describir los tipos de procesos del modelo Outsourcing en las empresas de La Ciudad de Panamá, Panamá	Implementación del modelo Outsourcing	Tipos de Procesos	Legal Tecnológico Logístico Financiero Administrativo	1. ¿Mantiene actualmente implementado un proceso outsourcing o tercerizado? • Sí • No 2. ¿Cuál es el tipo de Outsourcing que mantiene contratado actualmente en la compañía? Seleccione una de las siguientes opciones: • Legal • Financiero • Tecnológico • Logístico • Administrativo	Cuestionario estructurado aplicado vía telefónica, con cita previa con el gerente.
				3. El modelo outsourcing mejoró la eficiencia de los recursos de	Cuestionario

| 2- Analizar los factores del desarrollo organizacional en las empresas de La Ciudad de Panamá, Panamá | Desarrollo Organizacional | Factores de desarrollo organizacional | La eficiencia El control La toma de decisión Mejoramiento continuo Ventaja competitiva Los costos La diferenciación Las ventas | la organización:
 • Totalmente en desacuerdo (1)
 • En desacuerdo (2)
 • Ni de acuerdo Ni desacuerdo (3)
 • De acuerdo (4)
 • Totalmente de acuerdo (5)

 4. Modelo outsourcing facilitó los procesos de control de la organización:

 • Totalmente en desacuerdo (1)
 • En desacuerdo (2)
 • Ni de acuerdo Ni desacuerdo (3)
 • De acuerdo (4)
 • Totalmente de acuerdo (5)

 5. El modelo outsourcing facilitó la toma de decisiones | estructurado aplicado vía telefónica, con cita previa con el gerente. |

				de la organización: • Totalmente en desacuerdo (1) • En desacuerdo (2) • Ni de acuerdo Ni desacuerdo (3) • De acuerdo (4) • Totalmente de acuerdo (5) 6. El proceso outsourcing facilitó el mejoramiento continuo de la organización: • Totalmente en desacuerdo (1) • En desacuerdo (2) • Ni de acuerdo Ni desacuerdo (3) • De acuerdo (4) • Totalmente de acuerdo (5) 7. El modelo Outsourcing aumentó la ventaja	

				competitiv a de la organizaci ón: • Totalmente en desacuerdo (1) • En desacuerdo (2) • Ni de acuerdo Ni desacuerdo (3) • De acuerdo (4) • Totalmente de acuerdo (5) 8. El modelo outsourcin g disminuyó favorablem ente los costos para su organizaci ón • Totalmente en desacuerdo (1) • En desacuerdo (2) • Ni de acuerdo Ni desacuerdo (3) • De acuerdo (4) • Totalmente de acuerdo (5) 9. El modelo outsourcin	

				g le permitió a su organización diferenciarse frente a sus competidores • Totalmente en desacuerdo (1) • En desacuerdo (2) • Ni de acuerdo Ni desacuerdo (3) • De acuerdo (4) • Totalmente de acuerdo (5) 10. El modelo outsourcing aumentó las ventas de su compañía al enfocarse en su negocio • Totalmente en desacuerdo (1) • En desacuerdo (2) • Ni de acuerdo Ni desacuerdo (3) • De acuerdo (4)	

				• Totalmente de acuerdo (5)
3- Determinar la relación de la aplicación del modelo outsourcing en el desarrollo organizacional de las empresas de La Ciudad de Panamá. Panamá		Relación de la aplicación del modelo en el desarrollo organizacio nal	Se realizará Correlación de Spearman y prueba de hipótesis con Análisis de Regresión Múltiple	
4- Diseñar estrategias que facilite la implementac ión del modelo empresarial Outsourcing en las empresas de Ciudad de Panamá		Objetivo de Diseño		

CUESTIONARIO

1. ¿Mantiene actualmente implementado un proceso outsourcing o tercerizado?

- Sí
- No

2. ¿Cuál es el tipo de Outsourcing que mantiene contratado actualmente en la compañía? Seleccione una de las siguientes opciones:

- Legal
- Financiero
- Tecnológico
- Logístico
- Administrativo

3. El modelo outsourcing mejoró la eficiencia de los recursos de la organización

ESCALA DE LIKERT

Totalmente en desacuerdo	1
En desacuerdo	2
Ni de acuerdo Ni desacuerdo	3
De acuerdo	4
Totalmente de acuerdo	5

4. El Modelo outsourcing facilitó los procesos de control de la organización

ESCALA DE LIKERT

Totalmente en desacuerdo	1
En desacuerdo	2
Ni de acuerdo Ni desacuerdo	3
De acuerdo	4
Totalmente de acuerdo	5

5. El modelo outsourcing facilitó la toma de decisiones de la organización

ESCALA DE LIKERT

Totalmente en desacuerdo	1
En desacuerdo	2
Ni de acuerdo Ni desacuerdo	3
De acuerdo	4
Totalmente de acuerdo	5

6. El proceso outsourcing facilitó el mejoramiento continuo de la organización

ESCALA DE LIKERT

Totalmente en desacuerdo	1
En desacuerdo	2
Ni de acuerdo Ni desacuerdo	3
De acuerdo	4
Totalmente de acuerdo	5

7. El modelo Outsourcing aumentó la ventaja competitiva de la organización

ESCALA DE LIKERT

Totalmente en desacuerdo	1
En desacuerdo	2
Ni de acuerdo Ni desacuerdo	3
De acuerdo	4
Totalmente de acuerdo	5

8. El modelo outsourcing disminuyó favorablemente los costos para su organización

ESCALA DE LIKERT

Totalmente en desacuerdo	1
En desacuerdo	2
Ni de acuerdo Ni desacuerdo	3
De acuerdo	4
Totalmente de acuerdo	5

9. El modelo outsourcing le permitió a su organización diferenciarse frente a sus competidores

ESCALA DE LIKERT

Totalmente en desacuerdo	1
En desacuerdo	2
Ni de acuerdo Ni desacuerdo	3
De acuerdo	4
Totalmente de acuerdo	5

10. El modelo outsourcing aumentó las ventas de su compañía al enfocarse en su negocio

ESCALA DE LIKERT

Totalmente en desacuerdo	1
En desacuerdo	2
Ni de acuerdo Ni desacuerdo	3
De acuerdo	4
Totalmente de acuerdo	5

www.ingramcontent.com/pod-product-compliance
Lightning Source LLC
Chambersburg PA
CBHW061316220326
41599CB00026B/4908